AF315802

Saint-Hilaire
...ecueil des mémoires sur

39267

RECUEIL DE MÉMOIRES

SUR L'ADMINISTRATION

DES FORÊTS,

SUR

LES ARBRES FORESTIERS ET L'ÉCONOMIE RURALE.

IMPRIMERIE DE DONDEY-DUPRÉ,

RUE SAINT-LOUIS, N° 46, AU MARAIS.

RECUEIL DE MÉMOIRES

SUR L'ADMINISTRATION

DES FORÊTS,

SUR

LES ARBRES FORESTIERS ET L'ÉCONOMIE RURALE,

PAR Mr JAUME SAINT-HILAIRE,

MEMBRE DE LA SOCIÉTÉ ROYALE ET CENTRALE D'AGRICULTURE.

Summun naturæ munus homini datum, arbores, sylvæque intelligebantur. Hinc primum alimenta, harum fronde mollior specus, libro vestis.

PLINE.

Les arbres et les forêts étaient réputés le plus grand don que la nature eût fait à l'homme. Il se nourrit d'abord de leurs fruits, il reposa plus mollement dans sa caverne jonchée de leur feuillage : il se vêtit de leur écorce.

Deuxième Édition.

PARIS.

DONDEY-DUPRÉ PÈRE ET FILS, IMP.-LIB.,

Rue Saint-Louis, N° 46, au Marais;

ET RUE RICHELIEU, N° 47 bis, MAISON DU NOTAIRE.

1832.

BIBLIOTHÈQUE PUBLIQUE MONTEL

A MONSIEUR

JACQUES LAFFITTE,

DÉPUTÉ.

Les Mémoires que j'ai publiés sur les Forêts et sur l'Économie rurale ont été insérés dans divers Recueils périodiques. Le succès et les suffrages honorables qu'ils ont obtenus me décident à les réunir en un seul ouvrage et à vous le dédier, comme une preuve de mon dévoûment et de mon estime fondée sur une liaison non interrompue pendant quarante années.

Votre patriotisme et votre amour du bien public me sont un sûr garant que vous partagerez mes vœux et mes projets d'amélioration. Les Forêts de la France ont besoin d'être restaurées, et il serait facile d'en augmenter l'étendue avec une partie des sept ou huit millions d'arpens de friches, de pâtures et de terres abandonnées, qui sont la lèpre du territoire français. Ces travaux occuperaient aux champs une population, qui devient tous les ans plus nombreuse et plus embarrassante dans les grandes villes; ils donneraient des produits dans quelque tems, et ils seraient du plus grand intérêt pour la postérité, parce que les mauvaises terres plantées d'arbres pendant une longue suite d'années deviennent favorables à toutes les sortes de cultures.

J'ai l'honneur d'être

    Votre très-dévoué,

        JAUME SAINT-HILAIRE.

PRÉFACE.

On a souvent répété ce qu'un pape italien disait autrefois à un ambassadeur de France, « que la conservation et la prospérité de ce royaume, malgré les fautes et l'incapacité de ses ministres, était une preuve de la Providence. » Si ce pape vivait encore, il n'aurait aucun motif de changer d'opinion. Un de mes frères, arrivé de Rome, demandait un jour au cardinal Caprara ce qu'il pensait de notre pays ; Caprara lui répondit : « J'ai vécu en France sous l'ancienne monarchie, m'y voilà de nouveau sous le règne d'un empereur ; les hommes ont été sans doute fort souvent changés, je trouve que les choses sont toujours les mêmes. »

Si Caprara avait vu la Restauration et ensuite les effets de la Révolution de 1830, je suis persuadé qu'il n'aurait pas changé d'avis. Quant à moi, je persiste dans mes opinions. Voici ce que j'ai imprimé en 1826 :

« On a dit que l'administration française était la plus ignorante de toutes les administrations de l'Europe. Ce reproche s'adresse surtout à celle de nos colonies. S'il pouvait rester quelques doutes, il suffirait, pour les lever, de lire ce Mémoire (1), ainsi que celui qui l'a précédé et quelques autres qui doivent le suivre.

(1) *Mémoire sur la Culture du Poivrier noir*, précédé de quelques observations critiques sur l'administration du royaume. *Paris*, 1826. Didot, imprimeur, rue Jacob.

» Il serait difficile que cela fût autrement sous un ministère où la faveur distribue les emplois administratifs. Il faut certainement avoir beaucoup de tems à perdre, pour s'occuper de recherches, de travaux utiles, et mériter une place par son instruction. Il est bien plus sûr et plus expéditif d'applaudir aux opinions dominantes, de flatter les hommes puissans ou en faveur, sauf à les abandonner et à les méconnaître lorsque le sort leur sera contraire. On s'éveille un matin, et comme à la fin d'un rêve enchanteur, directeur-général des domaines ou des colonies, des postes ou des forêts, des haras ou des douanes, etc. : l'on est aussi propre à l'une de ces places qu'à l'autre, par la raison qu'on n'a jamais donné des preuves de savoir et d'instruction pour aucune. La fortune ne sourit pas uniquement à ces serviteurs du moment ; toutes les issues sont ouvertes à leurs enfans et à leurs protégés encore imberbes, et qui ne peuvent offrir pour garantie de leur capacité que quelques mots de latin, attendu qu'ils sortent du collége.

» Ne voyons-nous pas au département de l'Intérieur, le plus important sans contredit de l'administration française, un avocat (M. Corbière), entièrement dénué d'instruction en économie rurale, dans les arts industriels comme dans les sciences dont l'application serait si nécessaire à l'amélioration du sol de la France et du sort de ses habitans, que la voix publique accuse de paresse et d'insouciance (1)?

(1) Les personnes qui seraient étonnées de la liberté, si l'on veut même de la hardiesse de ce langage, doivent lire ce qu'un homme encore jeune disait

» Il résulte de cet état de choses, que nous sommes et que nous resterons tributaires de l'étranger pour beaucoup de matières premières qu'il serait possible d'obtenir de notre sol européen, tant favorisé de la nature, ou de celui de nos colonies, ainsi que pour beaucoup de produits des arts, qui ne peuvent naître que sous un ministre de l'Intérieur actif et éclairé. On observe même que, par les traités nouvellement conclus et dont nos ministres n'ont pas prévu les funestes conséquences, les navires anglais et américains ont un grand avantage dans tous les transports maritimes. Aussi notre change devient de jour en jour plus ruineux. Il suffit, pour s'en convaincre, de jeter les yeux sur le cours depuis environ douze ans (1). Au mois de février 1815, j'achetai les livres sterling dont j'avais besoin pour aller à Londres, au prix de 17 fr. Au mois

au président du conseil des ministres du roi d'Angleterre, Walpole, qui lui avait reproché sa jeunesse. Le voici : « Je n'entreprendrai pas de discuter si » la jeunesse peut être considérée comme un sujet de reproche ; mais j'assu- » rerai que le misérable qui, ayant vu les funestes effets de ses bévues répé- » tées, continue à les soutenir, et dont l'âge a seulement ajouté l'obstination » à la stupidité, est, à juste titre, l'objet de l'horreur et du mépris publics. » Il ne mérite pas que ses cheveux gris le défendent contre les insultes. On » doit abhorrer bien davantage celui qui en vieillissant a quitté le chemin de » la vertu et devient plus vicieux avec moins de passions ; qui, se prostituant » à l'amour de l'or, qui ne peut plus lui procurer de jouissances, emploie le » reste de sa vie à la ruine de son pays. » C'est le père de William Pitt, » créé lord Chatam, qui parlait ainsi. Les rhéteurs anglais citent ce discours comme un trait d'éloquence inspiré par le véritable amour de la patrie.

(1) A cette époque, notre change s'était considérablement amélioré, et le numéraire était devenu très-abondant en France ; parce que les produits de nos fabriques ne craignaient pas alors la concurrence avec les marchandises anglaises de toute espèce qui circulent en France, malgré notre triple ligne de douanes.

d'avril 1826, j'ai payé 25 fr. 25 cent. celles qui m'étaient nécessaires pour le même voyage. Aujourd'hui 15 décembre, elles sont cotées 25 fr. 40 cent. ; voilà donc une différence d'environ 9 fr. que nous donnons de plus par livre sterling. Ne dirait-on pas que nous sommes retombés sous l'influence malheureuse du traité de Versailles? Telles furent les suites de ce traité, que la France reçut une si grande quantité de matières premières et manufacturées de l'Angleterre, que depuis cette époque, son change avec cette nation a toujours été plus ou moins ruineux. En voici la preuve : en 1760, l'Angleterre donnait 48 deniers sterling, pour avoir un écu de France, ou, ce qui est la même chose, une livre sterling pour avoir 5 écus, ou 15 fr. ; de sorte qu'avec 400 écus, ou 1,200 fr., on avait, au cours du change, 71 livres sterling. Aujourd'hui nous achetons les livres sterling au cours de 25 fr. 40 cent., et cette somme de 71 livres sterling nous coûte 1,803 fr. 40 cent., c'est-à-dire plus de moitié en sus (1).

» En traitant ainsi avec les nations étrangères, l'Angleterre a tiré et disposé d'assez de trésors pour payer et diriger toutes les guerres, la politique de presque tous les cabinets, pour augmenter continuellement ses

(1) En remontant à l'année 1679, on trouve une différence encore plus grande en notre faveur dans le change avec l'Angleterre, au lieu des pertes que nous éprouvons journellement. L'historien Hume dit, vol. 12, chap. 71 : « Que les Anglais trouvèrent par le calcul, à cette époque, que la balance du » commerce en faveur de la France était d'environ 45 millions par an. » Il est facile d'expliquer cette différence : il faut seulement se rappeler que Colbert était alors ministre des colonies, de la marine, du commerce, des manufactures, ainsi que de l'agriculture, et qu'actuellement nous avons à la place de cet habile administrateur, M. Corbière.

possessions dans les quatre parties du monde et se placer à la tête des puissances du premier ordre. C'est dans une période de soixant-seize ans qu'elle a obtenu tous ces succès, avec un territoire très-circonscrit, sans forêts, ne produisant pas assez de blé pour nourrir une population de quinze millions d'ames ; obligée de tirer de la France des vins, des avoines, etc. : elle les doit entièrement à une administration habile, constamment occupée des intérêts et des besoins de la nation, et telle que la France n'en a pas eu depuis la mort de Colbert.

» Une circonstance néanmoins très-favorable à notre change et qui contribue à le soutenir, c'est le séjour en France d'un très-grand nombre d'Anglais, qui reversent dans la circulation plusieurs millions de francs nécessaires à leur entretien et à leurs dépenses journalières ; car si les Anglais ou une partie des Anglais que la douceur de notre climat retient en France, retournaient dans leur patrie, notre change n'en resterait certainement pas là ; et notre numéraire, qui passe peu à peu en Angleterre, et dont l'absence paralyse déjà un grand nombre de fabriques et d'ateliers, serait bientôt presque en totalité de l'autre côté de la Manche. »

Les forêts, qui font l'objet de ce recueil, n'ont pas été plus favorisées que les autres branches de l'administration. Pour le prouver, il me suffira de citer quelques faits historiques.

Lorsqu'en pluviôse an IX (1801), les consuls s'occupèrent de nommer aux places de l'administration des forêts, en exécution de la loi rendue le 16 du mois précédent, le troisième consul, Lebrun, crut à propos de présenter pour administrateurs des physiciens forestiers, des hommes versés dans la connaissance et la culture des arbres, tels que Thouin aîné, Cels le père, etc., ou d'anciens grands-maîtres des eaux et forêts, tels que Desjober, etc. Le premier consul, Bonaparte, qui voulait récompenser ses généraux et ses amis, fit nommer Gueheneuc, beau-père du général Lannes; Bergon, beau-père du général Dupont, alors en faveur; Gossuin, ancien député, tous complétement étrangers à la science forestière. Leur gestion administrative a fourni les matériaux de mon premier Mémoire. Je crus un moment que la Restauration, mieux avisée et connaissant mon Mémoire auquel tous ses ministres avaient donné beaucoup d'éloges, reviendrait aux bons principes et ne laisserait pas cette branche importante des revenus de l'État entre des mains inhabiles. J'ai été trompé, car nous avons eu successivement MM. Boutheiller, Bertier, etc., aussi étrangers aux forêts que leurs prédécesseurs. Il est tems que le gouvernement sorte de cette mauvaise route et ne continue pas à justifier, comme tous ceux qui l'ont précédé, le reproche qui leur a été fait par Beaumarchais, en disant : il y avait une place vacante, il fallait un calculateur, j'y étais propre, ce fut un danseur qui l'obtint.

MÉMOIRE

SUR

L'ADMINISTRATION ET SUR L'AMÉNAGEMENT

DES FORÊTS.

LA PREMIÈRE ÉDITION DE CE MÉMOIRE A ÉTÉ PUBLIÉE EN AOUT 1814.

On convient généralement que les forêts sont nécessaires à l'existence et au bien-être de la société, et que dans les pays anciennement très-peuplés, où elles ont été détruites, les hommes ont abandonné tôt ou tard un sol aride et inhabitable. La France n'est pas encore réduite à cet état de misère et d'abandon ; mais on s'aperçoit depuis long-tems que nos forêts diminuent considérablement, et que, depuis vingt ans, leur dégradation s'est rapidement accrue. Il est tems d'arrêter le mal ; mais pour le faire, il faut en connaître les causes.

Il en existe plusieurs ; elles tiennent à l'état d'anarchie qui a duré trop long-tems, au choix des agens forestiers, aux mesures fiscales et à l'insouciance du gouvernement, à l'intérêt particulier et momentané des propriétaires.

On peut dire avec quelque assurance que, depuis la révolution et sous le dernier gouvernement, les forêts ont été considérées comme des propriétés dont on devait retirer le plus gros produit possible, sans s'inquiéter des suites d'un pareil système (1). Ceux qui, par état, auraient dû veiller à leur conservation et à leur entretien, ont cru nécessaire de s'y conformer pour augmenter les ressources du fisc : de sorte que l'aménagement des forêts n'a plus été qu'une opération de finance. Au moment même où les agens forestiers étaient chargés de retirer le plus d'argent possible par la vente des coupes ordinaires et extraordinaires, en profitant de la jalousie et de la rivalité des propriétaires de forges et d'usines (2), une loi, rendue le 16 nivôse an 9 (1801), prononçait que *les dépenses locales de l'Administration ne pourraient excéder cinq millions, y compris la dépense des semis, plantations, améliorations, etc.* : on laissait ainsi à l'administration la plus grande latitude pour faire hausser le prix des bois ; on

---

(1) On pourrait croire que les agens quelconques d'un gouvernement le servent avec d'autant plus d'avantage et de succès, qu'ils font rentrer de plus fortes sommes dans les caisses publiques. Cette opinion est erronée, lorsque, par suite de leurs opérations, les particuliers se trouvent ruinés, et que les sources de la prospérité publique et de l'industrie sont épuisées. Le gouvernement qui les approuve est injuste et oppresseur, il n'entend même pas ses véritables intérêts ; car cette richesse ne peut pas être de longue durée. Les consommateurs se privent et s'habituent aux privations ; et, ce qui est beaucoup plus funeste à l'État, ils retirent ouvertement ou par fraude de l'étranger, les objets qu'on veut leur vendre trop cher.

(2) Ce Mémoire était déjà à l'imprimerie, lorsque j'ai lu, dans le rapport de S. Ex. le Ministre des finances, ce passage remarquable : « La rareté du bois, suite de la dévastation des forêts dans des tems de troubles, en a sensiblement élevé le prix dès les premières années de la révolution..... et le dernier gouvernement s'est appliqué à le soutenir, par le soin qu'il a constamment pris de forcer le résultat des adjudications. »

bornait ses moyens de les repeupler et de les améliorer ; car, sur cette somme, il fallait d'abord prélever le traitement des agens, les frais de bureaux, de voyages, etc., qui devaient monter, suivant la même loi, à plus de quatre millions. On a même vu dans d'autres administrations, des chefs qui se gardaient bien d'épuiser le montant des sommes mises à leur disposition pour faire le service, afin d'avoir occasion de prouver leur économie au détriment de la chose publique. De sorte que le bien-être de la société, le véritable intérêt du trésor public étaient sacrifiés aux besoins toujours renaissans d'un régime destructeur et à l'égoïsme des chefs. Ces idées fiscales, fort dangereuses en principe, ont eu une application d'autant plus funeste, qu'on a placé à la tête des administrations forestières, quelques hommes recommandables peut-être sous d'autres rapports, mais fort étrangers aux sciences et aux arts, dont l'étude est indispensable dans l'entretien et dans l'aménagement des forêts. Ce n'est pas avec de tels principes et de semblables agens que Frédéric, roi de Prusse, rétablit les forêts de son royaume (1). Lorsque Louis XV voulait charger Buffon de la direction de ses domaines forestiers, ou qu'il prenait, ainsi

(1) On sait que le roi de Prusse a formé à Berlin une école d'instruction, où l'on élève les jeunes gens qui se destinent à l'administration des forêts. Ce n'est qu'après avoir suivi des cours de plusieurs années, et subi des examens particuliers, qu'ils sont nommés aux places inférieures. Il en est de même en Russie et dans plusieurs états de l'Allemagne. Pourquoi ne formerait-on pas une école semblable en France, à l'instar de celle des ponts-et-chaussées, des mines, du génie, etc. (*)?

(*) En 1824, on s'est enfin décidé à créer, en France, une école pour les forestiers.

que Louis XVI, tant d'intérêt aux travaux de Duhamel, ce n'était pas des administrateurs financiers qu'il désirait, mais des hommes versés dans la connaissance des arbres, de la nature et de l'emploi des bois.

En joignant à cette funeste erreur de croire que l'administration doit surveiller avant tout les intérêts du fisc, les déprédations, suites naturelles de l'incapacité et de l'ignorance des agens, on sera peu étonné que les bois et les charbons de bois aient doublé de valeur; lors même que le commerce est anéanti, que la plupart des forges et des usines sont fermées, que le charbon de terre remplace en partie le bois de chauffage dans des villes où il était autrefois inconnu. Où en serions-nous, si la marine tirait les bois de bordage et une partie des bois de mâture nécessaires à nos villes de commerce, les bois de chauffage pour les vaisseaux de haut bord, ceux que les usines, les forges, les fabriques consomment annuellement pour leur entretien, soit qu'elles ne puissent pas les remplacer par le charbon de terre, soit qu'elles n'en aient pas à leur disposition; ceux enfin dont se servent les menuisiers, les layetiers, les tabletiers et beaucoup d'autres ouvriers qui depuis plusieurs années ont presque fermé leurs ateliers ?

Les bois des particuliers ont également souffert des circonstances malheureuses où la France s'est trouvée depuis vingt-cinq ans. Les mêmes lois qui proscrivaient des milliers de Français, étaient en même tems funestes aux arbres, car des acquéreurs avides et n'ayant, le plus souvent, aucun moyen de payer le montant de leurs acquisitions, s'empressaient d'abattre sans ménagement les bois et les portions de forêts qui appartenaient aux citoyens proscrits et qui n'avaient pas été réunies au domaine. Ils étaient fort indifférens sur l'avenir ; ils ne se faisaient même adjuger les biens en vente qu'après avoir calculé que les bois détruits et les châteaux démolis, ils seraient amplement couverts du prix des adjudications. Le gouvernement voyait détruire, sans inquiétude, l'espoir et les ressources des générations futures ; on peut même assurer avec satisfaction, car ces acquéreurs devenaient des chauds partisans de la révolution, et c'était là le but de toute la politique de nos législateurs.

Plusieurs parties de forêts et de grands bois ont été rendues, depuis quelques années, à des émigrés rentrés, qui, pour satisfaire à des besoins pressans, se sont vus obligés de faire de grandes coupes. Il y a même lieu de craindre qu'on en fasse autant de ceux qui seront rendus aux anciens propriétaires. Le projet d'aliéner une grande partie de nos forêts, si on le réalise, sera également funeste, à moins qu'on ne prenne des précautions pour empêcher les nouveaux acquéreurs d'abattre les bois sans ménagement, pour acquitter le montant de leurs acquisitions. Le prix du bois restera peut-être, pendant quelques années, à un taux modéré, à cause des nombreuses coupes que des acquéreurs peu fortunés seront obligés de faire, mais il doublera de prix ensuite, et nous éprouverons plus que jamais la disette des bois de chauffage, et encore plus des bois de construction.

Duhamel se plaignait, en 1764, des dégâts commis par les armées en campagne. On sait qu'à cette époque, les troupes prenaient leurs quartiers d'hiver et ne marchaient qu'avec leurs effets de campement. Qu'aurait-il dit, s'il avait été témoin de nos dernières guerres, où des armées de cinq à six cent mille hommes sans tentes ni barraques, souvent même sans distributions de vivres et dénuées de vêtemens, bivouaquaient dans nos forêts pendant les hivers les plus rigoureux !

Le moment m'a paru favorable pour présenter mes idées sur les moyens de conserver les forêts et les bois, et de remédier aux abus qui règnent dans cette partie de l'administration publique. Mon projet, d'ailleurs, n'a jamais été de retracer le tableau particulier des malversations et de l'ignorance, mais de proposer les moyens d'en détruire les causes et de réparer, autant que possible, les suites funestes du système qu'on a suivi. Depuis plusieurs années, je m'occupe des sciences qui ont pour but de faire connaître les lois de la végétation, la diversité et l'usage des bois, la nature des terrains où les arbres se plaisent. J'ai tâché de faire des observations utiles, soit dans les ouvrages de Duhamel, de Buffon, de Hâles, de Bonnet, de Varenne-Fenille, etc., soit dans la nature ; et pour ce dernier objet, j'ai voyagé dans plusieurs parties de la France. Je serai bien récompensé de mes travaux et de mes recherches, si à l'heureuse révolution qui s'opère dans les opinions politiques, on peut associer quelques améliorations dans les idées administratives.

1*

Tout le monde sait que, dans les ponts-et-chaussées, dans le génie, dans l'artillerie, dans les mines, dans l'architecture, etc., on a toujours exigé des études préliminaires et des examens pour être nommé aux places inférieures ; on demande avec raison des cours de plusieurs années, avant de permettre qu'on exerce l'état d'avocat, de médecin, etc. ; et par une fatalité inconcevable, on a souvent donné les places de l'administration des forêts, même les plus éminentes, à des hommes entièrement étrangers aux objets sur lesquels ils devaient prononcer et diriger les agens subalternes. On me dispensera de les nommer, la liste en serait trop longue. Celui qui croirait que la connaissance des bois peut être acquise sans beaucoup de peines et d'études préliminaires, se tromperait grossièrement. Des hommes tels que Duhamel, Buffon, etc., auxquels on ne refusera pas de grands talens, s'en sont occupés pendant une bonne partie de leur vie, et ils ont laissé en mourant beaucoup de doutes à éclaircir et de problêmes à résoudre. Il est donc nécessaire qu'avant d'être admis au nombre des agens forestiers, on fasse preuve de connaissances et d'instruction dans cette partie.

On m'objectera peut-être que cette administration exige qu'on soit au fait de la partie contentieuse. Quand même il serait vrai qu'on eût toujours recherché les hommes versés dans la connaissance des lois et des ordonnances forestières, il n'en est pas moins très-constant qu'en donnant à cette partie beaucoup trop d'importance, on a entièrement négligé l'autre dans le choix des agens.

Pour bien remplir une gestion, il ne suffit pas de pouvoir discuter les intérêts et de compter de clerc à maître avec qui il appartient ; il faut encore être en état de raisonner avec connaissance de cause sur les objets dont on a été chargé. Ainsi on aura dressé un procès-verbal en bonne forme de l'assiette ou du recollement d'une coupe de bois et des discussions d'intérêt qui ont pu avoir lieu, lorsqu'elles ont été faites, mais il importait beaucoup plus de savoir si la coupe a été faite à propos, si les arbres dont elle était composée n'auraient pas gagné à rester quelques années de plus sur pied, ou bien si elle a été faite trop tard, parce qu'elle était dans un terrain maigre et peu profond ; si les ordonnances doivent toujours être suivies à la lettre, ou si elles peuvent subir des modifications dans certains cas, le parti que les acheteurs tirent d'une coupe et les usages auxquels elle doit servir dans telle ou telle province, ainsi que beaucoup d'autres observations qu'un homme instruit a lieu de faire, et qu'un employé ignorant ou soumis à la routine ne peut pas même soupçonner. Je n'irai pas chercher bien loin la preuve que la routine dirige presque toutes les opérations des agens. On sait que les cultivateurs ont démontré jusqu'à l'évidence que les arbres, comme les plantes épuisent le terrain où on les cultive pendant plusieurs années de suite, et que, pour obtenir de bonnes récoltes, il est absolument nécessaire d'alterner les plantations. Cela n'a pas empêché, il y a douze à quinze ans, de replanter la route de Paris à Saint-Denis en ormes, quoique depuis plusieurs siècles l'orme y soit cultivé. On n'a pas manqué non plus de couper la tête à tous les jeunes plants, malgré que les cultivateurs instruits recommandent depuis plusieurs années et prouvent, par de nombreuses expériences, que cette opération est la cause de presque toutes les maladies internes des arbres. Il en est résulté que la plupart ont péri, qu'il a fallu les renouveler plus d'une fois, et que ceux qui ont survécu ont offert, pendant huit ou dix ans, une végétation lente et tardive. Ces réflexions sur des objets particuliers, et qui se présentent tous les jours, deviennent d'une bien autre importance, lorsqu'il s'agit d'opérations sur une vaste étendue de terrain abandonné ou perdu pour la culture, sur le choix des arbres qui peuvent y croître avec succès, etc. : je citerai un ou deux faits à l'appui. Un assez grand espace de la forêt de Fontainebleau était depuis très-long-tems abandonné par les agens forestiers et ne produisait pas même de la bruyère ; M. Lemonnier, médecin de Louis XVI, et aussi versé dans la connaissance des arbres que zélé citoyen, ainsi que M. de Chessac, grand-maître des forêts, nouvellement chargé de cette maîtrise, observèrent que les pins viendraient bien dans cette terre, jusqu'alors inutile ; ils proposèrent au roi de la faire planter. Leurs vues furent remplies ; et elle offrait, il y a environ quinze ans, lorsque j'ai visité cette plantation, trente ou quarante mille pieds d'arbres de la plus belle venue, et formait une des parties les plus précieuses de cette grande forêt. Celle de Compiègne offre également la preuve d'une administration paternelle et éclairée ; on sait qu'elle fut repeuplée, il y a trente ou quarante ans. Vingt mille pieds d'arbres environ, plantés à cetté époque, donnent actuellement un excellent produit. Ils font regretter qu'on n'ait pas toujours suivi d'aussi bons exemples, et qu'on n'ait pas donné les mêmes soins à toutes les plantations des forêts.

Il est donc urgent de mettre à la tête des administrations forestières ceux qui, par état ou par goût, se sont occupés de la culture et de l'entretien des bois, car les avances et les sacrifices que le gouvernement ferait pour repeupler les forêts, seraient en pure perte entre des mains inhabiles.

2°.

Plusieurs agronomes ont proposé depuis long-tems de planter les grandes routes de la France. On calcule qu'elles pourraient contenir onze ou douze millions d'arbres utiles à toutes sortes de constructions. Cette mesure, aussi sage qu'elle devient nécessaire, n'a presque pas eu d'exécution. On peut juger de l'intérêt dont elle serait pour la société, par les plantations qui environnent la capitale. A l'utilité immédiate que le gouvernement en retirerait par la suite, on doit joindre les avantages que le voyageur trouverait à l'ombre des arbres, pendant les chaleurs de l'été. Le zèle de quelques préfets a suppléé, dans un petit nombre de provinces, à l'insouciance publique, mais toujours d'une manière incomplète et sur un petit espace de terrain. J'ai trouvé dans mon dernier voyage auprès de Gap en

Provence, plusieurs lieues de la grande route agréablement plantées d'érables, de robiniers, etc., par les
soins d'un ancien préfet, M. de la Doucette : elles pro-
duisaient un contraste frappant avec le reste du chemin entièrement découvert et brûlé par un soleil ardent.

On dira peut-être que ces plantations deviendraient
coûteuses. Certainement si on était obligé d'acheter les
arbres et d'en payer le port, il serait difficile de réussir sans de grands frais ; mais il y a un moyen de remplir le but sans faire de gros sacrifices. Il faudrait que
le gouvernement établît dans chaque département une
pépinière publique, et qu'un jardinier aux gages de
cinq à six cents francs par an, fût chargé de la diriger :
pour l'indemniser de ses soins et des travaux des jour-
naliers, on lui paierait une somme de ..... fixée par
les préfets des départemens, pour autant de mille pieds
d'arbres qu'il fournirait en âge d'être plantés à de-
meure. Les jardiniers et pépiniéristes particuliers pourraient également concourir à fournir des arbres ; car,
étant certains de trouver un débouché, ils augmente-
raient leur semis, et dans quatre ou cinq ans, on aurait autant de jeunes sujets que les planteurs pourraient
en employer. Il existe déjà des pépinières publiques ;
j'en ai vu plusieurs dans mes voyages ; mais comme les
préfets étaient souvent déplacés par Bonaparte, leurs
successeurs négligeaient des établissemens qu'ils n'a-
vaient pas fondés, et la plupart sont devenus stériles.

Pour protéger les plantations des routes, on en rendrait responsables les communes, et par suite les riverains. En plaçant les arbres sur la berge du chemin

et non dans les terres des particuliers, ceux-ci n'auraient aucun prétexte plausible de s'opposer ou d'empêcher l'exécution d'une mesure aussi sage. Dans le cas où un arbre aurait été détruit ou brisé, les communes seraient obligées de le faire remplacer à leurs frais, sauf leur recours envers les propriétaires riverains. Des réglemens particuliers ont déjà été publiés sur cette matière dans quelques départemens ; mais une loi générale, mise à exécution par toutes les municipalités du royaume, et surveillée par la gendarmerie, par les gardes-forestiers, par les gardes-champêtres, les gardes-chasses, etc. produirait un meilleur effet. Cette loi imposerait une forte amende ou quelques jours de prison, pour tout particulier arrêté en flagrant délit ou convaincu de dégâts. Dans quelques années la France aurait des routes aussi agréables à parcourir, qu'utiles au gouvernement et aux consommateurs. L'orme, cet antique habitant de la France, occuperait le premier rang dans les plantations des routes, mais seulement aux lieux où il n'a pas encore été cultivé. Le chêne ensuite, le hêtre, le frêne, etc., suivant l'exposition et la nature du terrain, donneraient pendant soixante, quatre-vingts ou cent ans, une ombre salutaire aux voyageurs, et le gouvernement en retirerait ensuite une grande quantité de bois, propres à toutes les constructions ; on planterait aux environs des villes et des bourgs, des érables, des tilleuls, des robiniers, des sophora, etc., pour contribuer à la variété des paysages. Les pins, les cèdres seraient réservés pour les pays élevés et agrestes ; le peuplier d'Italie, le cyprès chauve, les saules, les aulnes pour les routes bordées de ruisseaux, ou situées dans des terrains humides ou marécageux.

On a dit que les arbres plantés sur les routes seraient nuisibles aux champs et que la France produirait moins de blé. Cette objection est aussi peu fondée que déplacée à l'époque actuelle. Elle est peu fondée, parce que beaucoup de routes ne sont pas bordées de champs cultivés ; j'ai parcouru la route de Plelan, Ploermel et Vannes en Bretagne, celles de la Champagne, de la haute Provence, du bas Dauphiné, de l'Auvergne au-dessus de Clermont, etc., etc. Il serait difficile de nuire aux champs cultivés, car on n'y trouve presque partout que des landes ou des terrains abandonnés. Elle est déplacée, parce qu'on est bien certain actuellement que la France produit année commune plus de blé qu'elle ne peut en consommer. La preuve, c'est que le gouvernement permet souvent les exportations, ou les opère lui-même, comme faisait Bonaparte, afin de mettre les propriétaires en état de payer les impôts et que le grain ne soit pas à vil prix, tandis que, malgré les importations, depuis vingt ans le prix des bois augmente. Ainsi, en supposant même une petite diminution de blé, nous aurions une plus grande quantité de bois, et la balance entre ces deux objets de première nécessité pour le peuple serait rétablie.

Je crois inutile de répéter les raisonnemens qu'on a faits sur les avantages de ces plantations, ainsi que sur les résultats que doit produire l'exécution d'une semblable mesure. Tous ceux qui sont tant soit peu versés dans la connaissance des bois et qui voient le dépérissement de nos forêts , en désirent l'accomplissement. Il faudrait peut-être ordonner aux agens des ponts-et-chaussées de s'entendre avec les forestiers , ou plutôt en charger entièrement ces derniers ; parce que l'administration des ponts-et-chaussées est obligée d'acheter le plant et ne peut guère établir et faire diriger des pépinières. C'est une observation que je soumets à la sagesse et à la prévoyance du ministère public ; dans tous les cas , il est nécessaire que cette mesure soit mise à exécution par une administration composée de gens éclairés et fermes.

3º.

Après l'instruction des agens et la plantation des grandes routes , il est à-propos que le gouvernement s'occupe de réparer peu-à-peu les dégradations commises dans les forêts. Tout dans la nature marche lentement vers la destruction ; les grands végétaux néanmoins , abandonnés à eux-mêmes , répareraient les ravages du tems ; l'homme seul épuise et détruit sans retour leurs forces génératrices. Sans un système d'amélioration bien suivi , la végétation ordinaire sera toujours insuffisante aux besoins de la population , en ne comptant même pas les dégâts imprévus et très-communs depuis vingt-cinq ans. Les forêts de la France ne suffiront jamais à la consommation ordinaire ; il faut absolument que les semis et les plantations soient faites en proportion avec les coupes. Il n'est pas seulement nécessaire de veiller plus que jamais à la conservation des forêts, il faut encore les améliorer, si on ne veut pas que nous soyions obligés par la suite de recourir à l'étranger pour toutes nos constructions civiles et navales. Les mines de fer du royaume deviendront même stériles, si, n'ayant pas de charbon-de-terre et à cause de la cherté du bois, les propriétaires des forges sont obligés, comme on l'a fait dans ces derniers tems, de hausser le prix du fer, les consommateurs iront se pourvoir à l'étranger.

On peut éviter ces malheurs, en suivant un système d'amélioration perpétuel, et dont on ne sentira les avantages que dans un espace de tems assez éloigné, mais très-rapproché quand il s'agit d'arrêter et de mettre un terme aux dégradations. Il faut aussi que le gouvernement s'occupe de combattre l'intérêt personnel et mal entendu du propriétaire qui détruit tout ou une partie de ses bois pour changer la nature des productions du sol. Si le blé devient cher pendant quelques années, il arrache les arbres pour y semer du grain. Il en retire d'abord de riches récoltes; mais comme les bois sont presque toujours placés sur des terrains plus ou moins inclinés, les pluies, les orages entraînent bientôt dans les plaines cette terre si fertile. La montagne laisse à découvert un noyau aride, et le propriétaire imprévoyant perd tout à-la-fois son bois et sa terre en culture, et les perd sans retour. Cette perte frappe sur lui personnellement, mais elle frappe aussi sur l'état, dont elle diminue la richesse publique et la contribution dans la masse des impôts.

D'un autre côté, le gouvernement, par un intérêt mal entendu et étranger sans doute à l'administration

des forêts, double et triple l'impôt sur les bois du propriétaire, qui veut en conserver une partie en futaie,
et de celui qui ne possède que des bois qui, par leur
nature, ou par la difficulté des transports, ne s'exploi-
tent qu'en planches et bois de construction, notamm-
ment tous les bois résineux, qu'on ne peut pas couper
en taillis et qui ne peuvent l'être qu'en futaie.

Les bois taillis sont imposés à raison de leur revenu
approximatif. Ainsi, une propriété de cent arpens de
bois taillis, qui se coupe par dix arpens, est imposée
comme donnant un revenu de 2,000 fr., en admettant
le prix des dix arpens à raison de 200 fr. par an.

L'impôt du propriétaire est ainsi basé pour son bois
taillis ; mais quand il conserve ses bois en futaie, à
mesure qu'ils avancent en âge, l'on double et l'on triple
l'impôt. En sorte qu'on le punit de conserver sur sa
propriété un fonds oisif, ou de l'amélioration qu'il a
faite dans l'intérêt de l'état, au préjudice de son intérêt personnel. Il en résulte que, pour se soustraire
à un impôt aussi injuste qu'onéreux, le propriétaire
est forcé d'abattre sa futaie, et il se garde bien d'en
créer une nouvelle. Il préfère de n'avoir que du taillis,
parce qu'il obtient un revenu annuel et ne paie qu'un
impôt proportionnel avec son revenu.

Il semble, au contraire, qu'il serait plus juste de diminuer l'impôt annuel sur les hautes futaies, plutôt
que de le doubler. Ce serait encourager la conservation
et l'augmentation des futaies, en diminuant les charges
des propriétaires au lieu de les augmenter. Sans dire
trop de mal de l'espèce humaine, on sait que l'intérêt

personnel n'est pas toujours étranger à ses actions ; et celui qui élève une futaie, ne pouvant guère compter de l'abattre lui-même, et travaillant pour ses successeurs et pour le bien public, il est juste de l'encourager, au lieu d'augmenter ses charges et ses sacrifices ; car il s'occupe alors de l'intérêt commun contre son intérêt personnel.

Projet d'Ordonnance.

1° On ne pourra être nommé aux places de l'administration des forêts qu'en faisant preuve de connaissances dans cette partie, soit par la publication de découvertes ou d'observations intéressantes sur les arbres et sur les bois, soit par des examens particuliers subis devant les inspecteurs-généraux (1), soit enfin par des services antérieurs dans l'aménagement de forêts.

2° Les inspecteurs-généraux seront obligés, pendant leurs tournées, de veiller au maintien de toutes les parties du service ; de conférer avec les agens de l'administration pour connaître leur capacité dans les différentes places qu'ils occupent ; de recueillir les plaintes portées contre eux, soit par les autorités civiles, soit par les habitans des provinces ou départemens de leur juridiction ; d'en faire des notes détaillées, pour en instruire la grande maîtrise qui aura le droit, par voix délibérative de cinq membres au moins, de suspendre

(1) Ces examens auraient lieu sur la botanique, et surtout sur la physique des arbres, sur la chimie appliquée à l'analyse et à la connaissance des substances terreuses et sur les mathématiques, soit pour le toisé des arbres, soit pour vérifier et voir d'un coup-d'œil si les arpenteurs opèrent bien, etc.

de leurs fonctions les employés incapables ou prévaricateurs.

3° Les agens forestiers feront sur-le-champ le relevé et le plan de tous les terrains abandonnés ou perdus pour la culture des bois ; ils l'enverront à la grande-maîtrise, en lui proposant les moyens de repeuplement et de plantation, suivant la nature et l'exposition du terrain (1), les espèces d'arbres qui pourraient y croître ; la possibilité d'avoir des graines ou du plant enraciné, d'établir des pépinières dans le voisinage, ainsi

(1) Il y a plusieurs moyens de reconnaître si un terrain est sec ou humide, sablonneux, argilleux, calcaire, etc. ; d'abord par la seule observation des plantes qui y croissent naturellement. Ainsi partout où l'on trouve le nymphea, l'utriculaire, les épis d'eau, on peut assurer que le terrain est toujours ou presque toujours inondé. En voyant les souchets, les typha, les joncs, l'hydrocotile, on peut en conclure que le terrain est inondé pendant huit ou dix mois de l'année ; si on y trouve mêlées la salicaire, l'eupatoire, la persicaire, etc., il est probable que l'eau n'est pas entièrement stagnante, et qu'une source la renouvelle. On ne trouve la piloselle, la digitale, les arenaria, le genêt à balais, que dans les lieux sablonneux, maigres et ordinairement aérés ; les orchis, les serapias, dans les terres argilleuses et fraîches ; le melampyre, la cocrête, viennent dans les prés et dans les champs d'un mauvais fond. Le chardon préfère les bons terrains et s'y multiplie avec une rapidité étonnante, etc. Pour faire de semblables observations, il suffit d'avoir de légères connaissances en botanique. On peut aussi reconnaître le terrain à la vue simple ; mais avant d'entreprendre une opération en grand, il faudra faire creuser à quelques pieds de profondeur, pour s'assurer si les couches diffèrent beaucoup par leur nature ou par leur épaisseur. Il n'y a pas de terrains en France, depuis les Landes de la Bretagne, de la Gascogne et les craies de la Champagne, où plusieurs sortes de bois ne puissent réussir, il faut seulement être en état de juger de leur nature et de connaître les sortes d'arbres qui aiment ces terrains. Lorsqu'enfin on ne peut savoir d'une manière décisive quelle terre domine dans la composition qu'on a sous les yeux, il est un moyen de s'en assurer, c'est d'en faire l'analyse chimique, en opérant sur une quantité donnée, pour calculer ensuite les proportions dans lesquelles sont mêlées les substances terreuses.

que l'état de celles qui existent, le prix des journées d'ouvriers, etc. Ils donneront aussi par aperçu l'état des forêts du gouvernement ou des particuliers qui n'ont jamais été exploitées, à cause des difficultés qu'elles ont offertes jusqu'à ce moment, soit pour l'exploitation même, soit pour le transport des bois abattus (1).

4° La grande maîtrise est autorisée à employer un quinzième ou un vingtième du produit des coupes en semis et repeuplement, avec l'approbation du ministre des finances et sous la surveillance des préfets ;

(1) Je ne crois pas indifférent de rapporter ce qui m'est arrivé à ce sujet. Vers la fin de 1813, j'envoyai au bureau du *Moniteur* la relation de mon voyage dans la haute Provence ; ayant observé dans les terres de Thoran et autres, des pins de la plus grande beauté et propres aux constructions des chantiers de Toulon, qui en est à quinze ou vingt lieues, je disais : « On y » trouve des forêts de pins qui tombent de vétusté, parce que les précipices, » au milieu desquels ces arbres végètent avec une force étonnante, forment » de grands obstacles à leur exploitation. D'ailleurs il n'y a point de routes ; » on y voyage dans des sentiers plus fréquentés par des chèvres que par des » mulets, la seule monture du pays. Plusieurs de ces pins sont d'une grosseur » étonnante. On pourrait en tirer de très-beaux mâts de vaisseaux ; mais » comment les porter à Toulon, si on ne fait pas une route ? On a eu ce pro- » jet, dit-on, pour faciliter les communications entre Grenoble, Digne et » Nice. Son exécution serait très-utile au pays et aux voyageurs, le chemin » serait beaucoup plus court et plus pittoresque. Elle offre moins de difficul- » tés qu'on ne pense ; les pierres et les matériaux sont sur les lieux, il fau- » drait des bras pour les employer. »

En insérant mon article, on supprima tout ce qui avait rapport au projet de cette route essentiellement utile, parce que le chef du gouvernement, *qui commandait aux événemens, qui prévoyait tous les besoins de son peuple, etc., etc.;* suivant le langage de ses flatteurs, ne pouvait plus avoir la priorité d'un projet dont l'exécution rendrait au commerce des pays pauvres, sans communications, des forêts abandonnées et perdues pour les constructions navales.

5° Toutes coupes anticipées ou extraordinaires sont expressément défendues, sans une autorisation particulière du roi, transmise par le ministre des finances;

6° La grande-maîtrise présentera incessamment au roi un projet d'ordonnance basée sur celle de 1669, sur les lois des 26 mars 1790, 27 mars, 20 août et 15 septembre 1791, 3, 6 et 16 pluviose an IX, qui sont insuffisantes actuellement et quelquefois contradictoires ;

7° Les officiers de la grande-maîtrise et tous les agens de l'administration forestière emploieront tous les moyens qui seront en leur pouvoir, pour introduire nans nos forêts les arbres de l'Amérique Septentrionale, où nos arbres indigènes ne pourraient pas réussir (1).

Qu'on ne pense pas (dit un professeur du Jardin du Roi) que nos arbres indigènes puissent remplacer les arbres exotiques que l'on peut cultiver en France. Dans un pays comme le nôtre, où l'on exerce un grand nombre d'arts mécaniques, on a besoin de bois de différentes couleurs, de différens degrés de souplesse et de solidité : les layetiers, les tourneurs, les ébénistes, etc., sauront en tirer un parti avantageux; d'ailleurs beaucoup d'arbres étrangers peuvent

(1) Par les soins de mon ami M. Michaux, de la société royale et centrale d'agriculture, on a planté, au bois de Boulogne, vers l'année 1820, plus de dix mille chênes de l'Amérique. Ils offrent la plus belle végétation. L'une des espèces, le chêne quercitron, dont l'écorce sert à teindre en jaune et dont on tire tous les ans des États-Unis pour des sommes assez considérable, peut être déjà d'une grande utilité, car son écorce donne une couleur aussi brillante que celle des États-Unis. Je m'en suis assuré par des expériences répétées sur la soie, la laine et le coton.

croître dans des terrains qui se refusent à la culture de ceux de nos climats, et il y en a dont le bois est d'une qualité supérieure à celui des arbres analogues de notre continent.

On cultive aujourd'hui en France plusieurs chênes originaires de l'Amérique Septentrionale qu'il serait utile de répandre dans nos forêts, tels que le chêne blanc, employé dans les grandes constructions, le chêne à feuilles de châtaignier, arbre d'une haute taille, et dont le bois est également d'un très-bon emploi; le chêne vert de la Caroline, qui croît dans les dunes des bords de la mer; le quercitron, dont l'écorce fournit une couleur jaune employée à teindre les cuirs, et qui leur donne beaucoup de prix; plusieurs espèces de frênes qui méritent d'être propagées pour la beauté de leur port et pour les excellentes qualités de leur bois; plusieurs érables, parmi lesquels se trouvent l'érable rouge, et l'érable à sucre, dont le bois est souple, ferme, agréablement marbré, et propre à faire des meubles et de superbes ouvrages de marqueterie. J'en ai vu une table chez M. Michaux fils, qui est beaucoup plus belle que le bois d'acajou, aujourd'hui si renommé. Nous avons aussi obtenu de cette contrée le bouleau à canot, avec l'écorce duquel les Canadiens font ces pirogues légères qu'un homme peut transporter d'un fleuve à un autre; un grand nombre de beaux peupliers, de noyers, qui ont un bois solide, coloré, et d'un très-bon usage, tel que le noyer noir, le noyer cendré, l'ikori, le pacanier, dont la noix est bonne à manger; des ormes, des micocouliers, le charme de

Virginie, avec lequel on fait des essieux, des dents, des engrenures de roues, des poulies de vaisseaux; le tupelo aquatique, arbre de trente mètres de hauteur, dont les racines fongueuses et légères, ont un bois propre à remplacer le liége pour beaucoup d'usages; différentes espèces d'arbres résineux, du nombre desquels sont le genevrier de Virginie, qui vient dans les terrains les plus arides, et dont le bois est odorant, d'une belle couleur rouge, et d'une longue durée; le cèdre blanc, recherché en Amérique pour les constructions; le pin du lord Weimuth, remarquable par la finesse et l'élégance de son feuillage; le cyprès chauve (1), arbre très-gros, très-élevé, qui croît dans les terrains inondés, dont le bois est léger, très-durable, facile à travailler et excellent pour faire de la volige. On en voit une belle plantation à Rambouillet.

Ces nombreuses acquisitions, faites depuis environ cinquante ans, sont les plus douces conquêtes de l'homme civilisé; elles ne sont arrosées ni de larmes, ni de soupirs, et la postérité bénit l'abondance et la richesse qui les accompagnent. C'est dans des vue aussi généreuses et aussi bienfaisantes que Louis XVI envoya, en 1785, André Michaux aux État-Unis, pour y former des établissemens de culture, y recueillir des graines, des plants d'arbres et d'arbrisseaux, et de les faire passer en France. Le parc de Rambouillet fut d'abord destiné à les recevoir; mais, pendant la révolution, on a dé-

_____

(1) J'en ai donné une histoire détaillée dans le *Nouveau Traité des Arbres et Arbustes* de Duhamel, dont j'ai rédigé les huit ou dix premières livraisons.

vasté une partie de ces plantations. On y trouve néanmoins encore les traces non équivoques des avantages
que les forêts du royaume auraient pu en retirer, si Michaux, entièrement abandonné à ses propres ressources,
vers 1792, n'avait été obligé de renoncer à sa mission
et de revenir en France en 1796. On sera d'autant plus
étonné de cette insouciance du gouvernement français,
que les deux établissemens formés, l'un à Charles-Town,
pour les arbres du midi des États-Unis, et l'autre à
New-York, pour ceux du nord, coûtaient au plus dix
mille francs, et que la quantité de graines et de plants
enracinés, qu'on en retirait tous les ans, valaient beaucoup plus au prix du commerce. Plusieurs pépinières
des environs de Paris, le Jardin du Roi, ceux de Lemo-
nie, de Cels, etc., sont remplis d'arbres provenus des
envois de Michaux. Il serait à propos pour repeupler
nos forêts, de former de semblables établissemens.
L'administration des forêts a déjà reconnu les avantages et les ressources qu'on peut trouver aux États-
Unis ; car, à la sollicitation de M. Michaux fils, elle l'a
envoyé pour chercher des graines ; mais un séjour de
quelques mois ne peut pas remplacer un établissement
permanent, d'où l'on peut enlever le plant enraciné
d'une belle venue, et envoyer des graines en aussi
grande quantité qu'il sera nécessaire d'en avoir pour
repeupler nos forêts.

CONCLUSION.

Il résulte de toutes ces observations, que les forêts de la France ont besoin de la protection du gouvernement ; qu'il est encore possible de remédier aux abus de l'administration, et de réparer les pertes et les dégâts que nos bois ont éprouvés. On y parviendra : 1° en nommant aux places de grands-maîtres, d'inspecteurs-généraux, de conservateurs, etc., des hommes probes et versés dans la connaissance des bois ; 2° en obligeant les administrateurs à présenter au Roi un projet pour la plantation des grandes routes de la France, et les moyens de l'exécuter le plus économiquement possible ; 3° en employant tous les ans une partie du produit des coupes à repeupler les forêts dégradées, ou à planter les terres négligées dans la culture des bois : 4° en établissant des impôts plus justes sur les bois, et surtout sur les hautes futaies ; 5° en introduisant sur le sol de la France les arbres de l'Amérique Septentionale, qui ne peuvent pas être remplacés par nos arbres indigènes, soit pour la qualité de leur bois, soit par la nature des terrains où ils se plaisent.

OBSERVATIONS

SUR UN RAPPORT DE M. MIRBEL AU CONSEIL SUPÉRIEUR D'AGRICULTURE, IMPRIMÉ
DANS LE N° 25 DES ANNALES ADMINISTRATIVES ET SCIENTIFIQUES DE L'AGRICUL-
TURE FRANÇAISE, ET RELATIF AUX ESPÈCES D'ARBRES EXOTIQUES DONT IL SERAIT
A DÉSIRER QUE LE MINISTÈRE ENCOURAGEAT LA CULTURE PAR DES DISTRIBUTIONS
DE GRAINES;

Par M' JAUME SAINT-HILAIRE.

Depuis plusieurs années, le ministère de l'Intérieur
fait des distributions de graines de quelques arbres,
notamment de celles du pin laricio, à l'effet d'introduire et de naturaliser plusieurs espèces exotiques. S. E.
le minstre de l'Intérieur ayant demandé au conseil supérieur d'agriculture de lui indiquer les autres espèces
qui pourraient le mieux convenir aux différentes zones
agricoles du royaume, M. Mirbel a été chargé de faire
un rapport sur la demande du ministre, à laquelle on
ne peut trop applaudir, parce qu'elle tend à procurer
de nouvelles ressources aux arts et à convertir en forêts
des terres nues, arides ou marécageuses.

Je me propose d'ajouter au rapport de M. Mirbel quelques observations qui pourront diminuer la dépense que
cette distribution doit nécessiter et de joindre le nom de
plusieurs arbres qu'il a oubliés sur sa liste, où il s'en
trouve quelques-uns qui ne seront jamais que d'un intérêt secondaire dans notre climat, et un très-grand

nombre que l'administration aurait grand tort de demander à l'étranger, parce que leur bois est d'une qualité fort inférieure à celui de nos vieilles espèces indigènes.

L'auteur du rapport demande qu'on fasse venir de Rome et des autres villes d'Italie des cones de pin à pignon, *pinus pinea*, Lin. Il ne sera pas nécessaire de faire cette demande à l'étranger. Le pin à pignon est commun dans le département du Var ; j'en parle pour avoir plus d'une fois cueilli et mangé de ses fruits. Il croît spontanément dans les Maures, entre la Napoule et Saint-Tropez ; il y formait autrefois de vastes forêts. Les communes de Cannes, de Mandelieu, d'Auribeau, de Fréjus, etc., en fourniront annuellement autant qu'on voudra en distribuer ; les fruits sont si communs dans cette partie du département du Var, qu'on les vend dans les marchés publics avec les amandes et les noisettes. Leur prix est coté, dans le commerce de l'épicerie de Paris, comme celui des figues et des olives. Le pin à pignon, dejà très-répandu dans le midi de la France, pourra l'être davantage pour l'ornement des grands parcs ; mais il ne sera jamais d'aucun intérêt pour les cultivateurs forestiers du centre et du nord du royaume, parce qu'il craint les grands froids. L'auteur du rapport croit néanmoins que cet arbre viendra bien partout, parce qu'il réussit, dit-il, au Jardin du Roi. Je ne sais pas à quelle époque ce rapport a été fait ; mais il est facile de se convaincre que les deux individus qu'on voit encore à ce jardin, auprès du cèdre du Liban, ont été frappés de mort ou fort maltraités par le froid de l'hiver dernier ; ils n'ont plus que des feuilles jaunes et desséchées. Si , malgré cela , on se décide à distribuer des graines de cet arbre , je ne pense pas qu'on doive demander des cônes ou fruits, comme le propose M. Mirbel , au lieu de faire venir de la Provence des graines de cette espèce , encore moins de celles des État-Unis, dont je parlerai bientôt. Tout ceux qui font le commerce des arbres et s'occuppent de pépinières connaissent par expérience les inconvéniens graves , et l'on peut dire les pertes certaines , auxquels on s'expose en recevant des cônes de pins , parce qu'on les cueille avec négligence , et que , plus d'une fois , on n'a pas obtenu cent bonnes graines de quelques milliers de cônes venus de l'étranger. Il faut joindre à cette incertitude d'être bien servi , la certitude d'un port très-volumineux et très-coûteux.

Le pin d'Alep, *pinus Halepensis*, que les Provençaux nomment *pin blanc*, *petit pin maritime*, est un arbre qui ne s'élève qu'à 25 ou 30 pieds : il a peu de valeur en Provence ; on s'en sert pour chauffer les fours ; il a le mérite de croître dans les terrains les plus arides, mais il est très-sensible aux froids. Pour le conserver dans le nord du royaume , il faut nécessairement l'abriter dans l'orangerie.

Le pin de Calabre , *pinus Brutia*, sur lequel M. Mirbel désire qu'on prenne des informations , est connu depuis plusieurs années : on en posséde un grand nombre dans les collections de Paris ; mais il paraît, suivant quelques cultivateurs , qu'il est délicat. Au lieu du pin de Calabre , qui ne sera jamais un arbre forestier pour le centre et le nord du royaume, je propose de distribuer des graines du pin de Caramanie , introduit en France, en 1798, par Olivier. Plusieurs individus provenant des graines apportées de l'Asie-Mineure , donnent des cônes fertiles depuis quelques années : c'est un arbre très-vigoureux et plus rustique que le laricio de Corse, auquel son fruit ressemble beaucoup. Olivier dit, dans son *Voyage en Orient*, que ce pin s'élève à 100 pieds environ de hauteur.

Le cyprès chauve ou distique, *cupressus disticha*, Lin., est un arbre d'un grand intérêt et recommandé avec raison à la sollicitude de l'administration ; il y a environ soixante ans , l'illustre Malesherbes en avait conseillé et encouragé la culture ; j'en ai vu une belle allée au Monceau, où elle a été plantée par Duhamel. Les arbres ont environ quatre-vingts ans : en 1822 leur tige avait 8 pieds de circonférence ; il y en a également une très-belle allée dans le parc de Rambouillet ; mais le plus remarquable de ces cyprès se trouve auprès de la chaumière , dans ce même parc. Sa tige, à 2 pieds de terre, a 10 pieds de circonférence ; malgré la belle végétation de ces cyprès et leur grand âge, ils donnent des fruits dont les graines ne lèvent pas ou lèvent rarement, ce qui prouve que le climat des environs de Paris n'est pas assez chaud , et qu'il ne peut y être cultivé que comme arbre d'ornement ; car , à la Louisiane, dès l'âge de quarante à cinquante ans , ils donnent tous des graines fertiles ; il sera beaucoup plus avantageux de le planter dans les terrains inondés et marécageux de nos départemens méridionaux, dont le climat se rapproche plus de celui de leur pays natal.

Le cèdre blanc, *cupressus thioïdes*, Lin., est un arbre qui peut supporter les plus grands froids ; mais l'expérience prouve qu'il ne vient en France que très-imparfaitement. On le possède depuis plus de quarante ans, et cependant on n'en connaît pas un individu qui ait plus de 20 pieds de hauteur. Dans les marais fangeux du nord de l'Allemagne, sa culture pourra réussir ; mais il est inutile de faire des frais pour l'avoir en France.

Le pin du lord, *pinus strobus*, Lin., est un des arbres dont on ne peut trop encourager et répandre la culture ; quoique déjà assez commun, il faut encore le multiplier, surtout dans les forêts montagneuses. Les graines qu'il donne en France sont fertiles, et nous avons déjà beaucoup de semis et de plantations qui proviennent de graines récoltées en France. On en voit de très-beaux individus dans la laiterie de la reine, à Rambouillet, où ils ont été plantés par les ordres de Louis XVI, ainsi que plusieurs pins et sapins des États-Unis. Cette plantation m'a offert une observation assez curieuse sur l'élagage des arbres verts. Il y a environ trente ans, tous les arbres avaient leurs rameaux entrelacés et offraient un bouquet de bois presque impénétrable. Depuis quelques années on les a élagués jusqu'au sommet ; on ne leur a laissé exactement que la cime, et cependant ils ne sont pas morts ; les cicatrices se sont fermées, et les arbres végètent comme auparavant. Ce fait est bien contraire à ce qu'on trouve dans tous les traités sur la culture des arbres verts ; on m'assure que M. Huzard a fait la même observation en voyant la plantation de la Laiterie.

Il sera facile à l'administration de se procurer des graines du pin du lord sans recourir aux États-Unis, où la main d'œuvre est fort chère, et, par conséquent, les graines que M. Mirbel propose de demander, d'un prix beaucoup plus élevé que celles de France ; c'est le pin dont le bois est le plus employé dans l'Amérique du nord. Il est léger, mais d'une excellente qualité. On doit le placer de préférence sur les hautes montagnes et dans le nord de la France.

Le pin téda, *pinus tæda*, est un grand arbre dont la végétation est très-accélérée dans les terrains frais et fertiles. Mais son bois est peu estimé : il n'est pas exploité et l'on n'en tire pas de résine. Ainsi, ses avantages pour la France sont fort incertains.

Le pin jaune, *pinus mitis*, produit un bois très-bon, et très-employé dans les constructions. Il supportera bien les froids de nos hivers. Il sera utile de comparer sa culture et ses produits avec ceux du pin de Bordeaux et du pin sylvestre.

Le pin à longues feuilles, *pinus australis, palustris,* de quelques auteurs, est, de toutes les espèces de pins, celle dont le bois est le plus estimé et qui mérite qu'on essaie avec plus de soin sa culture dans le midi de la France et même dans le centre, car de jeunes individus plantés en pleine terre n'ont pas souffert des froids de l'hiver dernier. Les graines qu'on a reçues, en petite quantité, il y a environ deux ans, se sont vendues 20 fr. l'once.

Le pin noir, *pinus rigida*, ne mérite pas d'être introduit en France; il est rameux, son bois est peu estimé, et n'est employé que par les boulangers. On n'en tire pas de résine, quoiqu'il porte le nom de *pitch pine*.

Le pin à poix, *pinus inops*, ne mérite pas davantage d'être cultivé; c'est la plus mauvaise espèce de pin de l'Amérique du Nord. Il ne s'élève qu'à 15 ou 20 pieds. Son tronc est très branchu et ne sert à aucun usage.

Le sapin baumier de Gilead, *abies balsamea, pinus, lamb.*, est une espèce analogue à notre *abies taxifolia*, dont on trouve de magnifiques plantations dans plusieurs parties de la Normandie, surtout aux environs de l'Aigle. Celle d'Amérique ne mérite aucune préférence, car elle ne s'élève qu'à 40 pieds environ, tandis que la nôtre s'élève à plus de 80 pieds.

La sapinette du Canada, *abies Canadensis*, doit être rangée dans la même classe. C'est un grand arbre très-abondant dans le nord de l'Amérique. Son bois est peu estimé et inférieur en qualité à celui des autres espèces de sapins et pins. Son écorce ne vaut pas celle du chêne pour tanner les cuirs.

Le sapin noir, *abies nigra*, nous avons en Europe son analogue dans l'*abies picea*, qui s'élève à une plus grande hauteur, et peut le remplacer avec avantage. Ainsi, il est inutile de faire des frais pour l'introduire dans nos forêts.

Le mélèse d'Amérique ne mérite pas d'être préféré à notre mélèse d'Europe. Ces indications fautives du rapport de M. Mirbel, relativement aux pins et sapins des États-Unis ne m'ont pas étonné, parce que je me suis aperçu qu'il n'avait pas consulté l'excellente *Histoire des Arbres forestiers de l'Amérique Septentrionale*, par M. Michaux, que rien ne peut remplacer, parce que c'est le fruit de dix années de recherches et d'observations faites dans les différentes localités où ces arbres croissent naturellement et au milieu des ouvriers qui les mettent en œuvre. Nous allons voir que les indications relatives aux chênes et aux autres arbres des États-Unis ne sont pas plus exactes.

Le chêne à feuille de saule, *quercus phellos*, ne croît que dans les terrains frais et fertiles. Son bois est dur, mais poreux et par suite peu estimé ; aussi n'est-il jamais employé dans les constructions.

Le chêne des marais, *quercus palustris*, est un arbre qui s'élève à 80 pieds. Il préfère les terrains frais et fertiles. Son bois est poreux, et ne mérite pas qu'on fasse des sacrifices pour l'introduire dans nos forêts. Il offre une observation assez remarquable, c'est qu'il ne pivote pas.

Le chêne vert, *quercus virens*, son bois est d'une extrême dureté et tellement pesant qu'il enfonce dans l'eau ; ce qui fait qu'on ne peut pas l'employer seul dans les constructions navales. C'est seulement sur les bords de la mer, dans le midi de la France, qu'il pourra réussir. Sa végétation est très-lente ; il n'acquiert guère qu'un pied de diamètre dans soixante ans. Si on en demande des glands, il ne parviendront pas probablement en bon état ; car très-souvent ils germent sur l'arbre avant de tomber.

Le chêne lyré, *quercus lyrata*, ne mérite pas d'être

cultivé. Son bois est très-poreux, et il n'est nullement employé aux États-Unis. On le trouve dans les lieux inondés, parmi les cyprès distiques.

Le chêne des rochers, *quercus montana*, est un des chênes de l'Amérique qui donnent le meilleur bois. Il sera facile de l'introduire dans nos forêts. Il en existe déjà quatre ou cinq cents pieds au bois de Boulogne.

Le chêne imbriqué, *quercus imbricaria*, ne doit pas être porté sur la liste de ceux dont on demandera des glands, car son bois est peu estimé; on ne l'emploie qu'à défaut d'autres. Comme il ne se trouve qu'à quatre cents lieues de la mer, une livre de glands coûterait 150 fr.

Le chêne à gros glands, *quercus macrocarpa*, est un des plus beaux arbres des États-Unis. Il s'élève à 120 pieds de hauteur; son fruit est trois ou quatre fois plus gros que celui de notre chêne commun. Seulement il sera difficile de s'en procurer des glands, attendu qu'il ne se trouve que dans l'intérieur des terres, à une distance d'environ trois cents lieues de la mer.

Le chêne-quercitron, *quercus tinctoria*, s'élève à 80 pieds : son bois est moins bon que celui de notre chêne, *quercus robur*; mais ce désavantage est compensé par la belle couleur citrine que donne son écorce. On importe tous les ans, en Europe, de cette écorce pour des sommes considérables. Par les soins de M. Michaux et sous l'intendance de Dandré, on a semé dans le bois de Boulogne deux ou trois mille glands de ce chêne, qui ont levé, et les arbres végètent avec une vigueur remarquable. Il sera fort avantageux de le répandre dans tout le royaume.

Le chêne écarlate, *quercus coccinea*, est un très-grand arbre, qui ne mérite pas qu'on fasse les moindres frais pour l'obtenir ; car son bois est très-poreux , et n'est pas employé dans les constructions.

Le chêne rouge , *quercus rubra* , s'élève à une grande hauteur ; on en voit de très-beaux dans le parc de Rambouillet ; mais il ne formera jamais d'*excellent bois de construction* , comme dit le rapport. Son bois est d'une qualité fort inférieure à celui des chênes d'Europe.

Le chêne à feuilles de châtaignier , *quercus prinos* , où , suivant d'autres , *discolor* , a son bois d'assez bonne qualité ; mais il ne réussit que dans les meilleurs terrains.

Le chêne blanc, *quercus alba*. C'est l'espèce qui donne le meilleur bois de toutes celles, au nombre de trente, qui croissent dans les États-Unis ; néanmoins, il est bien avéré que le chêne d'Europe, *quercus pedunculata* , lui est préférable. C'est l'opinion unanime des constructeurs de navires français , anglais et américains , qui, à ce sujet , ont été consultés en Amérique. Ainsi, on peut se dispenser d'en demander des glands.

L'érable noir, *acer nigrum*, l'érable à sucre, *acer saccharinum* sont deux espèces qui , pour réussir, demandent une température plus foide que celle du centre de la France. Leur bois n'est pas préférable à celui de l'érable plane , *acer platanoïdes*. On ne doit pas , en France , penser à extraire du sucre de l'érable à sucre.

Les froids que nous éprouvons en hiver ne sont pas assez prolongés. Ces arbres ne parviennent à de grandes dimensions que dans des terrains d'une grande fertilité. Ainsi l'on peut se dispenser d'en demander des graines.

Le liquidambar, *styraciflua*, est un très-bel arbre, qui ne doit être considéré et recherché que pour l'ornement des parcs et des jardins. Son bois est tendre ; il a le grain fin. On ne l'emploie dans les constructions qu'à défaut de bois de chêne. Le merisier, l'érable, le bouleau-merisier, lui sont préférables dans la fabrication des meubles. Cet arbre ne mérite donc pas une place dans nos forêts, d'autant plus qu'il demande un terrain profond et substantiel, où nos chênes réussissent très-bien, et qu'il a besoin d'un climat plus chaud que celui du centre de la France.

Le nyssa aquatique, *nyssa aquatica*, est un arbre des terrains humides ou frais ; sa végétation est lente ; son bois n'est jamais employé dans les constructions ; c'est un mauvais bois de chauffage. Son introduction en France n'offrirait d'autre avantage que de remplacer le liége.

Le nyssa uniflore, *nyssa uniflora*, a le bois encore plus mou que celui de l'espèce précédente. Il paraît fort inutile de demander des graines de l'un et de l'autre.

Le noyer hickory, *juglans porcina*. Il existe dans les États-Unis huit ou dix espèces de noyer hickory ; elles ont toutes entre elles beaucoup de ressemblance pour les qualités de leur bois. Quoiqu'ils aient une végétation très-lente, il serait avantageux d'en introduire une espèce dans nos forêts. Je donnerais la préférence au *juglans squamosa.* Il en existe déjà cinq ou six cents pieds au bois de Boulogne. Il serait à propos d'en demander des noix.

Au lieu des pins, sapins, chênes, nyssa, etc., indiqués dans le rapport à S. E. le ministre de l'Intérieur, et qui ne méritent pas qu'on fasse des frais pour les introduire en France, il serait à-propos de demander en Amérique des graines de *betula lenta, papyracea, fraxinus americana,* et du *pinus rubra, red or norway pine,* qu'il ne faut pas confondre avec notre *pinus rubra,* qui est une variété du pin sylvestre. Cet arbre est précieux par les qualités de son bois et par sa prompte végétation. Il serait avantageux aussi de distribuer des graines du genevrier de Virginie, *juniperus Virginiana,* Lin. Cet arbre est déjà très-répandu dans les parcs et les jardins d'agrément des environs de Paris. Il serait à-propos d'en favoriser la culture sous un climat plus chaud, comme celui de nos provinces méridionales, surtout aux bords de la mer, où il prend son développement. Son bois est du plus grand prix dans les constructions civiles et navales. Aux États-Unis, on s'en sert si fréquemment dans la fabrication des ustensiles, comme seaux, boîtes, etc., qu'il a disparu de plusieurs parties de la côte, où il était très-commun autrefois. Je terminerai la liste des graines qui méritent d'être distribuées, par la noix pacane, *juglans olivæformis.* Le fruit en est très-bon. Ce noyer réussira très-bien dans tout le midi de la France.

On propose, dans ce rapport, de s'adresser aux consuls de France, résidans à Philadelphie, à Charles-

Town, etc., pour obtenir les graines que S. Ex. le ministre de l'intérieur a le projet de distribuer aux cultivateurs zélés et instruits du royaume. Ce moyen serait très-bon, sans doute, pour avoir quelques graines d'espèces rares et destinées au Jardin du Roi ; mais il aurait des suites funestes aux intérêts de l'administration, et rendrait inefficaces les intentions philantropiques du ministre de l'intérieur, lorsqu'on demandera des graines par milliers et par quarante, cinquante et cent caisses volumineuses. Nos consuls, empressés sans doute de répondre aux vues bienfaisantes de l'administration, s'adresseront à des marchands commissionnaires du pays ; mais n'ayant pas les connaissances nécessaires pour distinguer les graines de bonne qualité et récoltées en tems opportun d'avec celles de qualité médiocre, ou le tems peut-être de vérifier ces caisses et de s'assurer si les graines sont bien emballées, les embarqueront pour la France, où elles arriveront en mauvais état et à des prix fort élevés. En les distribuant aux cultivateurs, on n'aura pour garans que la bonne volonté et le zèle des consuls. Il serait bien plus sûr et plus avantageux de s'adresser à des habitans de Paris, tels que MM. Michaux, Vilmorin, etc., qui entretiennent des correspondances avec les États-Unis, et qui, connaissant depuis long-tems leurs commissionnaires, pourront se rendre responsables de la bonne qualité des graines dont l'administration leur fera la demande. Je citerai un fait décisif en faveur de mon opinion. Lorsque Dandré, intendant du domaine forestier de la couronne, voulut planter le bois de Boulogne d'arbres étrangers, il ne s'adressa pas aux États-Unis, mais il acheta de M. Michaux environ trente caisses de graines qui levèrent très-bien. On voit actuellement, du côté d'Auteuil et dans plusieurs autres parties de ce bois, dix mille pieds d'arbres qui sont dans l'état le plus prospère. Plusieurs même ont si bien réussi, qu'ils donnent des graines qu'on sème avec succès.

Récapitulation.

Noms des arbres indiqués dans le rapport, qui ne méritent pas que l'administration fasse des frais pour les introduire dans nos forêts, attendu que leur bois est d'une qualité fort inférieure à celui des espèces analogues indigènes :

Le pin de Calabre, le cèdre blanc, le pin téda, le pin noir, le pin à poix, le sapin baumier, la sapinette du Canada, le sapin noir, le mélèse d'Amérique, le chêne à feuilles de saule, le chêne des marais, le chêne vert, le chêne lyré, le chêne imbriqué, le chêne écarlate, le chêne à feuilles de châtaignier, le chêne blanc, l'érable noir, l'érable à sucre, le liquidambar, le nyssa aquatique, le nyssa uniflore. Total, vingt-deux espèces.

Noms des arbres indiqués dans le rapport, qui méritent d'être introduits dans nos forêts :

Le cyprès chauve ou distique, *cupressus disticha,* Lin. ; le pin à pignon, *pinus pinea,* Lin. ; le pin d'Alep, *pinus halepensis ;* le pin du lord, *pinus strobus,* Lin. ; le pin jaune, *pinus mitis ;* le pin à longues feuilles, *pinus palustris ;* le chêne des rochers, *quercus montana ;*

le chêne à gros glands, *quercus macrocarpa*; le chêne-quercitron, *quercus tinctoria*; le chêne rouge, *quercus rubra*. Total, dix espèces.

Noms de quelques arbres non indiqués dans le rapport, et qui méritent d'être intoduits dans nos forêts :

Le pin de Caramanie, l'hickory, *juglans squamosa*; le noyer pacanier : *juglans olivæformis*; le bouleau-merisier, *betula lenta*; le bouleau à papier, *betula papyracea*; le frêne d'Amérique, *fraxinus americana*; le pin rouge, *pinus rubra*, le genevrier de Virginie, *juniperus Virginiana*. Total, huit espèces.

Paris, le 24 juillet 1830.

MÉMOIRE

SUR LE DOMAINE FORESTIER

DE RAMBOUILLET (1);

PAR Mr JAUME SAINT-HILAIRE,

MEMBRE DE LA SOCIÉTÉ ROYALE ET CENTRALE D'AGRICULTURE, DE L'ACADÉMIE D'HORTICULTURE, etc.

LA PREMIÈRE ÉDITION A ÉTÉ PUBLIÉE EN JANVIER 1832.

Ce domaine est situé sur la grande route de Paris à Chartres, entre Montfort-l'Amaury, Houdan et la forêt

(1) Sous Louis XIII, ce domaine appartenait à la famille d'Angennes, renommée par l'esprit de l'une des filles, Julie-Lucie d'Angennes, épouse du duc de Montausier, et par la réunion des beaux esprits de l'hôtel de Rambouillet. A l'époque de la révocation de l'édit de Nantes, en 1686, le chef de la famille se réfugia en Hollande, de sorte que ce domaine, comme ceux des religionnaires, resta pendant quelques années sans maître. Les enfans passèrent au service de George Ier, duc de Brunswick et roi d'Angleterre. Il existe encore aux environ de Reigate, dans le comté de Surrey, des descendans des marquis de Rambouillet par les femmes. J'ai connu, il y a environ cinq ans, l'un de ces descendans, qui vint à Paris, pour réclamer cette propriété ou une indemnité équivalente, en vertu de la loi de 1791, qui ordonne de rendre aux religionnaires les biens non vendus. On lui objecta que ce domaine fut vendu, en 1706, au comte de Toulouse, fils légitimé de Louis XIV, par le comte d'Armenonville (grand dissipateur), époux d'une demoiselle d'Angennes. De là, il est venu par succession au duc de Penthièvre, qui l'échangea contre un autre avec Louis XVI, en 1784.

des Yvelines qui s'étend jusqu'à Rochefort. Il est sans contredit l'un des plus précieux de la couronne par son étendue et par ses bois. On sait qu'autrefois il était composé de fermes, de pâturages, etc., qui ont été aliénés pendant la révolution; mais, comme mes recherches ont été dirigées sur les bois et sur les terrains qui pourraient être plantés d'arbres, je parlerai peu de ce qui pourrait m'éloigner de mon objet.

On peut dire qu'en général les terres ne sont pas d'une grande fécondité; elles produisent néanmoins du blé, du seigle, de l'avoine, etc., mais elles demandent une culture soignée et beaucoup d'engrais. C'est sans doute la raison qui s'est opposée aux défrichemens et qui a fait conserver une aussi grande masse de bois à une petite distance (six lieues) de Versailles et de Paris, car on observe que, dans plusieurs cantons déboisés, le terrain a perdu sa valeur et n'offre plus qu'un sable aride.

On évalue les bois de ce domaine en coupe réglée, à 23,000 arpens, ci. 23,000

Les bois rabougris à 2,000. 2,000

Les places vides ou dégarnies. 3,000

Et les terres en friche ou incultes à 15 mille

arpens. 15,000

En somme. 43,000

Pendant huit ans environ, ce domaine a été possédé par Louis XVI, qui l'affectionnait, m'a-t-on dit. Pendant ce court espace de tems, on a planté plusieurs arpens de bois, naturalisé un grand nombre d'arbres verts

de l'Amérique Septentrionale , défriché des terres in-
incultes, etc. Mais depuis 1792 , il a beaucoup perdu
de sa valeur, parce qu'on n'a pas amélioré, qu'on a
suivi la routine dans l'administration des bois , et que,
comme dans presque toutes les forêts, on a cherché à
en retirer le plus d'argent possible. Ces observations
ont besoin d'être développées ; je me propose en conséquence d'entrer dans quelques détails, et d'examiner
les différentes parties du territoire de Rambouillet.
Mais pour le faire avec méthode , je vais le parcourir
successivement, en partant du château , que je regar-
derai comme le point central du domaine. Je terminerai
mon travail par proposer ce qui pourrait contribuer à
la richesse et à l'amélioration d'une aussi vaste et aussi
belle propriété.

En se dirigeant à l'est et au nord-est, on trouve d'a-
bord Villeneuve et quelques autres hameaux entourés
de fermes et de plusieurs mares, presque toujours sans
eau. On arrive à l'étang de la Tour , rendez-vous de
chasse très-bien situé. Il est à l'entrée des bois de Selles,
des Yvelines et de Sonchamp. L'étang est assez grand,
mais il contient peu d'eau dans la saison des chasses. (1)

Au levant de l'étang, on observe plusieurs triages
en essence de chêne. Le terrain est maigre et peu profond, de sorte que cet arbre y viendra toujours mal,
lorsqu'on voudra l'élever en bois de charpente et de

____

(1) Il est une vérité bien reconnue aujourd'hui en saine physique, c'est
que les déboisemens contribuent à la diminution des eaux des étangs et des
rivières. J'ai trouvé plusieurs fois, dans mes voyages botaniques, des lits de
ruisseaux et de petites rivières à sec, situés aux pieds des coteaux et des montagnes déboisés pendant la révolution.

construction. On sait par expérience que dans une terre qui n'a pas deux pieds au moins de fonds, les arbres croissent avec lenteur, et qu'ils se couronnent avant d'avoir acquis assez de grosseur pour fournir du bois de service. J'ai compté dans une seule allée, quatre-vingts baliveaux dont la tige a sept ou huit pouces de diamètre, et qui paraissent avoir cinquante ou soixante ans ; leur sommet est déjà couronné, et depuis long-tems les branches supérieures sont desséchées et en partie brisées par les vents. On les laisse néanmoins sur pied, quoiqu'ils donnent un signe infaillible qu'ils sont entièrement sur le retour et qu'ils perdent tous les ans de leur valeur. Il ne suffit pas dans la visite d'une forêt de savoir à quel usage un arbre peut être employé eu égard à sa grosseur et à sa figure ; il est bien plus important de savoir si son bois sera de bonne qualité, d'en reconnaître les défauts cachés, et de découvrir si ces vices ne sont pas assez considérables pour faire rebuter les pièces, lorsque les arbres auront été abattus. On peut assurer, en voyant les baliveaux de cette partie de la forêt et de plusieurs autres triages, comme j'aurais l'occasion de le faire observer, que leur bois ne pourra être employé qu'à quelques ouvrages de fente, qu'il sera probablement rouge, échauffé et vergeté. Dans ce cas on ne pourra le débiter qu'en bois de chauffage ; quand même ces arbres auraient atteint les dimensions nécessaires, il serait dangereux de les employer aux constructions et aux charpentes, parce qu'elles seraient de peu de durée. La jeune re-crue de ces triages est rabougrie, elle n'offre qu'un petit nombre de brins bien venans , parce que l'ombrage des baliveaux en trop grand nombre l'étouffe. On y trouve quelques peupliers, bouleaux, etc., qui offrent une assez belle végétation.

En sortant de la forêt par les petites Hougues pour aller aux Vaux de Cernay, on traverse une grande plaine en culture de céréales et en pâtures ; les unes et les autres ont l'air bien maigres. Le chaume qui est resté après la moisson, est couvert d'une mauvaise herbe (*Polygonum convolvulus*) tellement abondante, que le champ paraît tout rouge. Au bout de cette plaine et après avoir traversé le village St.-Benoît, on observe une des plus belles plantations de bois de toute la forêt. On serait même étonné qu'elle en fît partie, si l'on ignorait qu'elle a été pendant long-tems aménagée par les moines de l'abbaye de Cernay, à qui elle appartenait. On sait assez généralement que ces religieux administraient leurs bois avec beaucoup d'économie et de sagesse : ils les cultivaient avec soin , les semaient, les repeuplaient, et plusieurs les coupaient par éclaircies : c'est ainsi qu'ils plaçaient leurs épargnes.

Les Vaux de Cernay sont en prairies ; le terrain en est très-fertile pour les herbes comme pour les arbres. L'étang et le moulin qui dépendaient de l'abbaye ont été vendus pendant la révolution. En remontant la côte opposée, on traverse un bon taillis en chênes, bouleaux, etc., d'une belle venue ; mais ces arbres sont moins vigoureux, lorsqu'on est parvenu sur la plaine qui domine les Vaux de Cernay et qui est traversée par la route des cinq cents arpens. Le prolongement de cette colline est dirigé au nord; elle se termine à la grande route de Paris à Rambouillet. Son étendue est d'environ une lieue. On rencontre en la parcourant, un espace assez considérable de terrain qui est entièrement nu et aride. Il m'a paru d'abord qu'il a été couvert d'arbres autrefois, et je m'en suis assuré sur l'ancienne et grande carte des chasses, conservée au château de Rambouillet. L'on y voit que depuis les Vaux de Cernay jusqu'au Fargis, ce qui donne environ une lieue de collines, tout le terrain était couvert de bois; actuellement une grande partie de cette côte ne produit plus rien; elle devient même nuisible aux prairies de la vallée. Ce terrain disposé en pente rapide, se compose d'un sable quartzeux; autrefois les racines des arbres le retenaient et lui conservaient l'humidité nécessaire; depuis qu'on a détruit les arbres, il s'y forme des éboulemens qui couvrent les prairies d'un sable stérile. La route vicinale qui longeait la côte et qui est bien continue sur l'ancienne carte, se trouve interrompue, et l'on est obligé de marcher dans les champs de la plaine supérieure. Pourquoi négliger la culture d'un semblable terrain qui nuit aux prairies et menace d'entraîner les champs supérieurs dans ses éboulemens, comme cela a déjà eu lieu dans plusieurs endroits? Cette négligence paraîtra d'autant plus singulière, qu'à peu de distance, auprès de la croix de Peray, on a fait des plantations jusque sur les bords du fossé de la grande route, malgré les lois qui s'opposent à ces plantations et qui ont même ordonné de couper les bois à plusieurs toises des grands chemins. Ne serait-il pas permis de croire qu'on a voulu prouver aux passans et aux gens de la cour qui se rendaient de Paris à Rambouillet, qu'on ne négligeait pas un arpent de terre, puisqu'on arrivait jusque sur les bords des fossés de la grande route! Nous verrons plus loin que la côte des Vaux de Cernay et de Fargis, perdue pour la culture des bois, est bien peu de chose, en comparaison des terrains de Poigny, des bruyères de la Harasserie, etc.

En partant de Rambouillet pour aller à la Selle et à Clairfontaine, villages situés à l'est et au sud-est, on traverse les bois de la Selle et des Yvelines, presque tous en chênes : quelques triages sont en assez bon état, ceux de Villeneuve offrent néanmoins environ deux cents arpens de bois rabougris. La jeune recrue n'est pas assez garantie; en général les maraudeurs ne sont pas bien surveillés. On en rencontre même si souvent qu'on croirait cet abus toléré. Il serait possible néanmoins de tirer un très-bon parti de ces bois. On a dit depuis long-tems que les pauvres habitans des pays de forêts devaient vivre avec les forêts; on a même calculé par approximation que le prix de la vente ou de la consommation des fagots qu'on en tire tous les ans, égale à-peu-près la valeur des coupes de bois que l'on ne fait que tous les quinze ou vingt-ans. Il serait peut-être difficile d'empêcher ces pauvres malheureux de vivre comme ils ont vécu jusqu'à ce jour; mais en leur laissant la liberté d'aller ramasser les bois morts, ils emporteront toujours des bois qu'ils ont eu soin de faire mourir en les brisant quelques jours d'avance ou en les coupant exprès. Ne serait-il pas possible de remédier à ces abus, sans les priver entièrement? On sait qu'une souche à six, huit ou dix rejets, dont trois ou quatre faibles, mal venans, et qui au bout de cinq ou six ans sont étouffés par les plus vigoureux. Il serait peut-être avantageux de faire élaguer les brins faibles et d'en laisser le produit aux pauvres. On m'objectera que ce travail occasionerait beaucoup de frais; mais en laissant les pauvres dans les forêts, on fait une perte bien plus réelle et bien plus considérable aux bois. Ce sont toujours les plus beaux brins dont ils font leurs fagots, autant parce qu'ils se vendent mieux que pour avoir plutôt fini; de sorte que, pendant dix ou douze ans, on détruit du bois qui aurait pu doubler ou tripler le prix de la coupe. Il serait facile de calculer ce que coûterait l'élagage fait sous la direction des forestiers, et la différence du produit. Je propose d'en faire l'expérience sur cent arpens qui seront gardés avec la plus grande surveillance. On fera la note des frais, et l'on en comparera le produit avec celui de cent autres arpens du même triage, non traités ni surveillés de même; je crois que l'avantage serait en faveur des premiers. Dans tous les cas, on aurait plus de bois et de plus beaux bois.

Dans les triages qui conduisent de la Selle à Clairfontaine, on peut faire les mêmes observations que dans les précédens. J'ajouterai seulement que les fourneaux à charbon, établis sur les bords des routes pour faciliter le transport des charbons, ne sont pas toujours assez éloignés des anciens baliveaux; le feu doit nuire à leurs racines.

Le territoire qui environne Clairfontaine est un véritable désert. Le sable mouvant et aride dont il est formé, n'offre presque plus de végétation, à l'exception de quelques mauvaises bruyères qui diminuent tous les jours. On assure cependant qu'une grande parties de ces terres actuellement nues étaient boisées autrefois. Je crois qu'il serait possible d'en tirer parti; il faudrait y semer quinze ou vingt mille pins sylvestres ou laricio, qui y viendraient bien; dans quelques années, on aurait une aussi belle plantation que celle qui fut faite dans le tems à Fontainebleau, et dont j'ai rendu compte dans un autre Mémoire. On trouve sur l'ancienne carte de chasses un assez bel étang près de Clairfontaine; mais actuellement ce n'est plus qu'une prairie inondée, dont les exhalaisons doivent être malsaines pendant les chaleurs de l'été. Il serait d'autant plus facile de le rendre à son ancien état, qu'un ruisseau coule auprès. Les terres limoneuses qu'on enlèverait, reposées pendant un an, formeraient un très-bon engrais pour les terres à planter en bois.

Les semis de pins, que je propose pour rendre ce terrain utile, me rappellent une observation qui m'a frappé en arrivant à Rambouillet et en visitant la laiterie de la reine. J'ai dit, dans un autre Mémoire, que Louis XVI avait envoyé Michaux aux États-Unis pour récolter des graines, élever du plant et le faire passer en France, et que, malgré les dégâts commis pendant la révolution, on trouvait encore à Rambouillet les traces non équivoques et même les preuves des avantages que les forêts du royaume auraient pu retirer du

voyage de Michaux ; car plusieurs pins, sapins, chênes, etc., ont échappé à la destruction, et donnent actuellement de bons produits. Leurs graines lèvent avec
facilité. M. Fourneaux, jardinier de Rambouillet, en
a fait, dans son jardin fleuriste, quelques semis en petit qui ont parfaitement réussi. Il a élevé des pins, sapins, chênes, bouleaux, etc., venus des graines qu'il
avait semées lui-même en 1785 et 1786. Son exemple
n'a pas été suivi. Il n'est pas venu dans l'idée des administrateurs, gouverneurs, etc., du domaine de Rambouillet, de faire ramasser des graines précieuses et de
les semer dans la forêt ou d'en former des pépinières.
Il paraît qu'ils ont considéré ces arbres comme servant
à l'ornement de la laiterie, et voilà tout. Ils ont été
loin de soupçonner les intentions et le véritable but de
Louis XVI, lorsqu'il ordonna le voyage d'André Michaux, l'établissement de la ferme de Rambouillet, la
plantation d'une partie de la forêt, et d'une vaste pépinière, d'où l'on a tiré, pendant la révolution, une
multitude de jeunes arbres.

Il serait à-propos d'ordonner le plus tôt possible de
préparer les terres, soit dans le jardin fleuriste, soit
dans le parc, et de les rendre propres à recevoir des
semis. On ferait cueillir ou ramasser les glands et les
cônes des pins et sapins, pour les semer au premier
moment favorable. Si l'on avait fait ainsi depuis quinze
ou vingt ans, on aurait trente ou quarante mille pins,
chênes, etc. en pleine végétation. On aurait tort de
révoquer en doute ce que j'avance ; ce n'est pas une
expérience à faire que je propose, c'est un fait très-

positif que le terrain de Rambouillet est généralement propice aux pins. Fourneaux, le jardinier, en a planté huit ou dix arpens d'un terrain inculte et abandonné. Cette plantation, qui a été aliénée, était superbe la dernière fois que je l'ai visitée. Elle offrait même un point de vue pittoresque des fenêtres du château; car si le propriétaire jugeait à-propos de l'abattre, on ne verrait plus qu'une côte aride et nue.

En sortant de Rambouillet et se dirigeant au nord, on traverse la forêt Verte où se trouvent plusieurs triages bien fourrés. Ceux qui ne sont pas en très-bon état offrent moins de vides et de bois rabougris que dans les autres parties de la forêt. Les bois de la Pomeraie, qui sont de l'autre côté de la grande route et au nord de Rambouillet, laissaient beaucoup à désirer en 1820. Au nord de la Pomeraie, on traverse beaucoup de terres cultivées avant d'arriver à l'étang de St.-Hubert et aux Plains-Vaux, où l'on trouve environ deux cents arpens de places vides. Des pépinières, dans cette partie de la forêt, seraient fort utiles. Il faudrait les établir dans les terres abandonnées, pour en retirer tout le plant qu'il serait possible d'en obtenir, et ne laisser que les brins nécessaires au repeuplement.

A l'ouest de Rambouillet, on longe le mur du grand parc, sur la route de Maintenon, pour entrer dans les bois de Gazeran; presque tous les triages sont en essence de chêne, quelques-uns en assez bon état; mais comme, dans plusieurs autres parties de la forêt, les baliveaux se couronnent de bonne heure, on y trouve environ deux cents arpens de places vides. J'ai observé une assez grande plaine entre les bois de la Prieuré et de Gazeran ; elle était autrefois en friche, on l'a mise én culture, mais elle est d'un bien mince produit ; elle serait d'un plus grand rapport, si on la plantait en bois. Les tailles d'Épernon situées au-dessous, sont dans un mauvais terrain. Le chêne est dans un mauvais état ; on y trouve quatre ou cinq arpens en places vides et autant en bois rabougris. Ces coupes se font tous les quinze ou dix-huit ans, parce que le sol refuse de nourrir des arbres venus de souches peut-être aussi anciennes que le monde. On attribue dans le pays aux gelées printanières ce qui n'est que l'effet de la caducité de la forêt et de l'appauvrissement du sol. Je crois qu'il serait à-propos de renouveler ces vieux bois par des semis d'arbres plus rustiques que le chêne ; il faudrait pour cela labourer le terrain et enlever les vieilles souches qui doivent être à moitié pourries. Les tailles d'Épernon éprouveraient une amélioration sensible, qui deviendra de plus en plus nécessaire, parce qu'on sait très-bien que les terrains vides ne se repeuplent jamais sans le secours de l'homme. J'observerai à cette occasion, que dans la forêt de Rambouillet, je n'ai pas rencontré, comme dans beaucoup d'autres bois des environs de Paris, des châtaigniers. On sait que cet arbre se plaît dans les terrains sablonneux et peu fertiles, et qu'il est d'un très-bon débit. Les tailles d'Épernon, étant formées d'un sol sablonneux, je crois qu'il serait beaucoup plus avantageux d'y semer ou d'y planter du châtaignier au lieu de chêne, dont on ne retirera jamais qu'un faible produit. La lisière de ces bois est presque toute en friche. En revenant à Rambouillet par Poigny et les longues mares, on traverse de bons taillis de bouleaux.

Poigny et les environs offrent un terrain en culture de seigle et de sarrazin, d'un bien faible produit, car on compterait avec facilité les tiges de ces plantes, tellement elles sont clairsemées. Une partie même de ces terres est si aride qu'on la laisse en friche. On y plante du genêt à balais qui est le seul arbuste qu'on puisse y cultiver, suivant l'opinion des habitans. Je crois que l'érable de Montpellier pourrait remplacer le genêt et améliorer le terrain ; j'en ai vu en belle végétation dans des terres aussi arides. L'étang de la Cerisay est situé à un quart de lieue de Poigny. Je le connais depuis trente ans ; il est toujours à-peu-près dans le même état. Le terrain situé au-dessous, aliéné, dit-on, depuis quelques années, offre une vaste plaine couverte de mousses, de joncs et de bruyères. Il m'a toujours paru étonnant qu'on n'ait pas su en tirer parti au moyen de rigoles pratiquées avec art. Il serait possible de le convertir en une bonne prairie arrosée par le trop plein de l'étang.

On approche des bois de la Haute-Tasse qui dominent une longue vallée, coupée par le pont du Gambard. Elle est sablonneuse et recouverte de deux ou trois pouces de terre de bruyère ; mais le lichen des rennes, les politrics et autres mousses s'en sont emparés et la couvrent presque en entier. Quelques gardes ont planté des pommes de terre qui ont bien réussi. Je ne doute pas que les pins ne vinssent bien dans un aussi bel emplacement perdu pour la culture. M. de Corteuil avait fait, en 1788, quelques essais de ce genre dans la partie la plus élevée ; mais les cerfs, les biches et les maraudeurs en ont détruit une grande partie. La preuve néanmoins que ce terrain leur est propice, c'est qu'un certain nombre de ces arbres ont survécu aux dévastations, malgré la négligence et je dirai même l'ignorance de ceux qui ont succédé à M. de Corteuil. Ils offrent la plus belle végétation et font regretter qu'on n'ait pas eu plus de soin de ces plantations. On sait, et il n'est peut-être pas inutile de répéter, qu'il ne suffit pas de semer ou de planter, mais qu'il faut encore surveiller les semis et les plantations. Ce sont de ces vérités triviales que j'aurais tort de répéter, si la forêt de Rambouillet, comme d'autres, ne m'avait pas donné lieu cent et cent fois de le faire.

En partant de Rambouillet et en se dirigeant au nord-ouest, on suit la route de Saint-Léger. Les bois de Vilpert sont en assez bon état, quelques triages sont bien fourrés. En général, la forêt de Saint-Léger, où l'on trouve néanmoins beaucoup de vides, comme à l'Épard et à la Mare-Ronde, est la meilleure partie du domaine forestier de Rambouillet. A la Croix-de-Saint-Jacques, une assez vaste plaine donnée à la Légion-d'Honneur mériterait bien l'attention des administrateurs ; c'est un terrain en friche où quelques troupeaux trouvent à peine de quoi brouter. Mais ce qui doit occuper toute leur sollicitude, c'est la plaine et les coteaux de la Harasserie et de l'Archet. Qu'on se figure une étendue de terrain d'environ une lieue et demie de long et de large , où l'on n'aperçoit que des bruyères et quelques sentiers sablonneux. Les bouleaux, les pins pourraient convertir cet immense terrain en une forêt du plus grand intérêt et d'un bon produit. La preuve que la nature ne s'oppose nullement à l'exécution de mon projet, c'est qu'une centaine de bouleaux plantés depuis quelques années, sur une des crêtes les plus élevées de ces coteaux, sont en pleine végétation. Ces arbres ont parfaitement réussi ét paraissent très-vigoureux. Il me semble qu'avec des données aussi certaines sur le succès d'une semblable opération, il serait bien extraordinaire qu'on ne fît rien pour mettre en valeur un terrain aussi vaste et situé à douze lieues de Paris.

Observations générales et Conclusion.

On voit, par l'état que je viens de donner, que le domaine de Rambouillet est composé de quarante-trois mille arpens, dont une partie est plantée de bois, et que le surplus est très-propre à remplir le même objet. Il ne rapporte que 5oo,ooo francs environ, sur lesquels il faut déduire les frais de garde, etc. Si l'on ajoute le montant des traitemens de gouverneur, de secrétaire, de concierge, etc., il restera bien peu de chose, et une somme bien modique pour revenu d'une terre aussi étendue, située à six lieues de Versailles et entourée de populations nombreuses qui font une grande consommation de bois de chauffage.

Voici les principales causes d'un tel état de choses. Le défaut de police et de surveillance, au commencement de la révolution, a d'abord contribué à détériorer ce domaine ; les aménagemens mal entendus , la routine des agens , et surtout l'insouciance des administrateurs du domaine de la couronne , ont fait le reste. Je me propose d'entrer dans quelques détails à ce sujet.

Il existe une pratique assez généralement suivie par les forestiers , qui me paraît fort peu raisonnable ; c'est de laisser dans toutes les coupes régulières , un certain nombre de baliveaux de plusieurs âges , désignés par les noms d'anciens , de modernes , etc. , sans faire attention à la nature du terrain. On ne s'en écarte pas plus à Rambouillet que dans les autres forêts.

Il paraîtrait qu'anciennement les forêts royales étaient presque entièrement destinées à fournir les bois de chauffage et de construction nécessaires aux palais des rois et des princes. J'ai lu une ordonnance du comte de Toulouse , rendue au commencement du siècle dernier , par laquelle on défend de couper du bois indistinctement dans la forêt de Rambouillet , comme on l'avait pratiqué jusqu'alors , ce qui avait donné lieu à beaucoup d'abus et de désordres (1). On ordonne de

(1) Je ferai observer, en passant, que l'administration des forêts du domaine, comme celle des forêts de l'État, a souvent excité de justes plaintes et nécessité de grandes réformes, parce qu'elle a toujours été l'une de celles où l'on peut plus facilement tromper l'autorité supérieure. J'ai trouvé dans le recueil des ordonnances des rois de France, par Fontanon, que sous François Ier, il y avait beaucoup de désordres dans toutes les forêts du royaume. Les édits qui furent rendus par ce prince ne firent que pallier le mal, sans l'arrêter ; car Colbert nous apprend, dans la fameuse ordonnance de 1669, que le désordre qui s'était glissé dans les forêts, était si universel et si invétéré, que le remède en paraissait presque impossible. Aussi Louis XIV fut obligé de renouveler entièrement l'administration forestière. Voici les propres termes de son édit : « Ayant reconnu que la plupart des abus qui s'y étaient introduits provenaient du fait des officiers qui devaient veiller à leur conser-

(68)

fournir les bois nécessaires par coupes réglées et par-
tielles ; l'on charge en outre de vendre par adjudication
les parties de bois en âge d'être coupées et dont on
n'aurait pas besoin pour les châteaux du comte, à Versailles ou à Rambouillet. Les officiers de ce domaine
laissèrent dès-lors, comme dans les autres forêts, un
certain nombre de baliveaux par arpent. Cette mesure,
qui est ordonnée et qui peut être utile lorsqu'on n'en
laisse que le nombre nécessaire pour donner des graines
et repeupler la forêt, est devenue une loi dont on ne
s'est plus écarté dans aucun cas. On n'a jamais fait attention que, dans les mauvais terrains, les baliveaux,
surtout en chêne, ne profitent guère et se couronnent
dès l'âge de quarante à cinquante ans ; qu'il est impossible de tirer des bois de construction et même de charpente, des nombreux baliveaux dont on surcharge une

vation, nous en avons diminué le nombre et même supprimé tous les offices
des grands-maîtres... Nous avons fait rédiger notre ordonnance du mois d'août
1669, pour l'exécution de laquelle nous avons commis dans chaque province,
des personnes capables... et tellement assuré la bonne régie des eaux et forêts, que rien ne peut en troubler l'ordre à l'avenir, et que d'ailleurs nous
espérons être utilement servi par des titulaires choisis avec discernement. »
Nous sortions à cette époque des guerres de la Ligue et de la Fronde, et
nous avons fait la triste expérience que les guerres et l'esprit militaire ne s'ac-
cordent pas toujours avec les idées administratives. L'ordonnance de Louis XIV
empêcha beaucoup de fraudes et de malversations ; mais Colbert dut se conformer aux idées de son tems, et quand même on l'aurait toujours suivie
scrupuleusement, il n'en serait jamais résulté une balance égale entre la consommation et la reproduction des bois. Depuis cette époque, les sciences
physiques ont fait des progrès. Duhamel, Buffon, Varenne-Fenille, en
France ; Bonnet, Halès, Hartig, à l'étranger, ont publié de bonnes observations sur les bois ; mais l'art du forestier est resté presque stationnaire. On
règle les coupes des bois à telle ou telle époque, on laisse un certain nombre
de baliveaux, et la lettre et non le sens des ordonnances est remplie.

terre qui n'a pas de fonds. Réaumur et Buffon ont pensé qu'en général, même dans les bons terrains, les baliveaux nuisent à la croissance des taillis, qu'ils y occasionent des gelées pernicieuses, qu'ils sont plus sujets aux maladies que les arbres qui ont crû en massifs, telles que les gelivures, les chancres, les roulures, etc. Nonobstant toutes ces observations, les forestiers scrupuleusement attachés aux usages ou plutôt à la routine, en ont réservé un certain nombre par arpent, de sorte qu'ils ont laissé dans les mauvais terrains, des arbres qui donnent des signes de décrépitude à cinquante ans ; et toute la forêt étant en coupe réglée, on a vendu pour le chauffage de jeunes taillis élevés dans un bon terrain et qui auraient pu former de belles futaies, parce que, dans ce cas, tous les triages doivent donner du bois de chauffage, quelle que soit la nature du sol, sauf le nombre de baliveaux déterminé par le réglement. Entre beaucoup d'exemples, pris dans presque toutes les forêts, je n'en chercherai aujourd'hui que dans le domaine de Rambouillet. Tout le monde peut s'assurer que dans les taillis d'Épernon, aux Enclaves, à Pecqueuse, etc., le terrain est maigre ; qu'on trouve un sable fin et aride à quelques pouces de profondeur. On a laissé néanmoins un grand nombre de baliveaux, depuis que ces triages sont exploités comme bois de chauffage. Leur tige a six à huit pouces de diamètre, et déjà leur cime est dépouillée de feuilles, couverte de mousse et laisse voir des signes de caducité, qu'on trouve à peine sur des arbres âgés de cent cinquante ou deux cents ans, situés dans un bon terrain; tandis que dans le parc, près de l'Ermitage, où le sol paraît excellent, on tire du bois à brûler et l'on coupe, suivant l'usage, des brins de la plus belle venue, qui pourraient fournir des arbres de haute futaie. Quelques hêtres échappés à la destruction ont quatre ou cinq pieds de diamètre à leur tige, les pins du Lord, quatre-vingt-dix pieds d'élévation, et sont, je crois, les plus beaux que l'on connaisse en France. Les chênes de l'Amérique, semés en 1786, ont soixante-dix pieds de haut et donnent des glands qui ont déjà produit d'autres individus. De sorte que, fidèles aux anciens erremens, les agens des forêts ont laissé croître de grands arbres dans des terrains qui se refusent à les nourrir, et qu'ils ont mis en bois de chauffage des brins bien venans. Ces idées sont tellement enracinées dans leur esprit, qu'un de mes amis (1), chargé de l'intendance d'un grand domaine forestier, me racontait qu'il n'avait jamais pu obtenir des officiers des forêts que l'on coupât des baliveaux de quelque âge et dans quelque terrain qu'ils fussent, et qu'au lieu d'une recrue faible et languissante, donnée par de vieilles souches, on la remplaçât par de bons semis.

On compte, comme je l'ai déjà fait observer, plus de deux mille arpens de bois rabougris ou rafaux dans les triages de Rambouillet en coupe réglée. Les gelées du printems occasionent souvent ce défaut, quand elles ont endommagé les jeunes pousses; l'abroutissement et le trépignement des bestiaux, les terrains maigres et

______

(1) M. Bonpland, intendant du domaine forestier de Navarre et de la Malmaison.

non propres à la culture de certains arbres produisent les mêmes effets. Il me semble qu'il serait beaucoup plus utile de détruire ces sortes de bois. La place qu'ils occupent pourrait devenir d'un aussi bon rapport que le reste. Il faudrait en ordonner la vente et la coupe par adjudication, y faire un bon labour et préparer le terrain à recevoir des graines ou de nouveau plant. Je crois que par la suite on retirerait un bon produit de plusieurs triages qui sont sans valeur et qui dépérissent tous les jours davantage.

Les bois en coupe réglée ne sont pas également bien fourrés. On évalue à trois mille arpens les vides, clairières, etc., de la forêt, dont le produit est absolument nul. Il serait convenable de former des pépinières dans le parc de Rambouillet, pour repiquer le jeune plant dans les places vides ou dégarnies. Il serait possible d'avoir, dans quatre ou cinq ans, cent ou deux cent mille pieds d'arbres qui rempliraient cet objet. On trouve beaucoup de graines dans la forêt, il faudrait les faire ramasser par des femmes et des enfans, et les payer à la mesure.

Les terrains entièrement incultes forment une étendue très-considérable; car à la Harasserie seulement il y en a plus d'une lieue en long et en large. Il serait à propos de les défricher par portions de quatre ou cinq cents arpens. On pourrait, dans l'espace de dix ou douze ans, pour ne pas accumuler trop les frais et pour opérer avec soin, les rendre à la culture des bois et doubler le revenu du domaine de Rambouillet.

Ces différens travaux occasioneront sans doute des

frais et des avances assez considérables. Il ne sera pas nécessaire néanmoins d'avoir recours au trésor de la couronne. Je vais donner la preuve qu'on pourra s'en dispenser pendant long-tems, et qu'en opérant une réforme salutaire dans la forêt, on y trouvera une grande partie des fonds qu'il faudra pour exécuter mon projet, aussi louable pour le moment qu'il deviendra avantageux et productif par la suite.

J'ai eu occasion de faire observer plusieurs fois qu'on a réservé beaucoup trop de baliveaux dans des terrains maigres et où les arbres se couronnent dès l'âge de quarante à cinquante ans. Comme il est de science certaine et qu'il a été bien prouvé par tous les physiciens forestiers que les arbres couronnés perdent tous les ans de leur valeur (1), on en fera dresser sur-le-champ un état estimatif, triage par triage, et il en sera vendu tous les ans pour une somme équivalente aux frais d'amélioration qu'on se propose de faire. Je suppose qu'on en vende pour 100,000 francs par an, et qu'on emploie cette somme à former des semis et des pépinières, à planter et à défricher, on aura dans dix ou douze ans, plusieurs milliers d'arpens de bois qu'on n'a pas. Le jeune taillis qui se trouve gêné ou étouffé par les baliveaux, prendra un tel développement que la hausse du prix des coupes ordinaires indemnisera entièrement de l'absence des baliveaux. Ainsi, d'une part, on trouvera les fonds nécessaires pour exécuter mon plan d'amélioration, et de l'autre, un terrain maigre,

(1) « Si le terrain a peu de fonds, à quoi bon réserver des baliveaux ? Il n'y croîtra jamais un arbre de service. » *Varenne-Fenille*, p. 28.

peu profond, sera débarrassé d'arbres qui y dépérissent.

Actuellement, je demanderai à tout homme de bonne foi, et tant soit peu versé dans ces matières, si un père de famille riche ou un capitaliste comme il y en a encore, se contenterait d'un revenu d'environ 400,000 fr., pour un domaine de quarante-trois mille arpens, situés à douze lieues de Paris.

D'après toutes ces observations faites sur les lieux, et dont il est facile de vérifier l'exactitude, on doit être convaincu du besoin de changer l'administration du domaine forestier de Rambouillet, si l'on veut parvenir à l'améliorer et à en tirer les produits qu'il est susceptible de donner. Je soumets en conséquence mon travail aux lumières et à la sagesse de M. l'intendant général du domaine de la couronne, et j'offre de lui donner de vive voix tous les renseignemens particuliers nécessaires à l'accomplissement du projet que j'ai formé depuis plusieurs années.

DU POIRIER

ET

DE LA GROSSEUR DE SES FRUITS.

MÉMOIRE LU A LA SOCIÉTÉ ROYALE ET CENTRALE D'AGRICULTURE,

Le 5 Novembre 1829;

PAR Mr JAUME SAINT-HILAIRE.

En observant les poiriers plantés en espaliers dans la pépinière du Luxembourg et dans plusieurs autres jardins, j'ai remarqué plusieurs fois, et surtout au mois d'août dernier, que lorsqu'une poire se trouvait par hasard soutenue par le treillage et le mur, ou qu'elle était posée à l'enfourchure de deux branches, elle était presque toujours plus grosse que celles du même arbre, pendantes à leur rameau et non soutenues comme elle. J'ai soupçonné que cette différence provenait de ce que le poids d'un fruit arrivé à une certaine grosseur resserre les tubes et les vaisseaux du pédoncule destinés à charrier la sève de l'arbre et l'empêche de grossir autant que celui qui, étant soutenu, se trouve dans une position plus favorable pour recevoir les sucs nourriciers. J'ai voulu, en conséquence, m'assurer jusqu'à quel point cette idée serait confirmée, par des expériences sur différens poiriers. M. Dalbret, jardinier instruit et très-zélé, m'a aidé à les faire dans l'école des arbres fruitiers du Jardin du Roi.

Nous avons choisi d'abord un jeune poirier qui porte la poire nommée *la Duchesse d'Angoulême*, figurée dans *la Flore et la Pomone françaises*, pl. LVI. L'une de ses poires, placée vers le milieu de l'arbre, avait, le 15 septembre dernier, neuf pouces quatre lignes de circonférence, elle est restée suspendue à son rameau. Une autre poire, placée plus bas, avait, à la même date, huit pouces dix lignes. Nous avons placé sous celle-ci une planchette supportée par une pièce enfoncée dans la terre, de telle sorte que cette poire était appuyée sur la planchette et par conséquent n'était plus pendante comme la première. Le 30 septembre suivant, les deux poires ont été cueillies; la première, restée suspendue, n'avait grossi que de deux lignes, et la deuxième, qui posait sur la planchette, avait neuf pouces sept lignes; elle avait grossi de neuf lignes, ce qui est beaucoup pour un fruit déjà aussi gros et dans l'espace de quinze jours.

On pourrait objecter que la position de ces poires sur des branches supérieures ou inférieures a contribué à la grosseur de l'une plutôt que de l'autre. Cette objection sera détruite par les expériences suivantes.

Nous avons choisi, sur un poirier qui donne le beurré d'Aremberg, deux fruits situés sur la même branche et sortant de la même bourse. L'un d'eux avait, le 15 septembre dernier, huit pouces quatre lignes de circonférence, il est resté suspendu ; l'autre n'avait que huit pouces, il a été soutenu sur une planchette. Le 7 octobre suivant, ces deux poires ont été cueillies ; la première n'avait grossi que de deux lignes, la deuxième avait huit pouces huit lignes, elle avait grossi de huit lignes. On voit que la plus grosse des deux poires était restée suspendue et que la plus petite avait été soutenue. Nous avons fait en même tems l'expérience contraire.

Sur l'arbre qui donne la poire Chaptal, figurée dans la *Flore et la Pomone françaises*, pl. XCIII, nous avons choisi deux poires qui sortaient de la même bourse : au lieu de placer sur la planchette la plus petite, nous y avons placé la plus grosse, qui avait, le 15 septembre dernier, trois lignes de plus de circonférence que l'autre. Le 15 octobre suivant, ces deux poires ont été cueillies et mesurées : la plus grosse avait alors neuf lignes de plus que l'autre, c'est-à-dire qu'elle avait encore gagné six lignes sur l'autre ; ce qui est beaucoup pour les fruits qui, au 15 septembre, étaient les uns et les autres presque arrivés à leur grosseur ordinaire.

Il y a lieu de croire que ces expériences, répétées l'an prochain et commencées en juillet et en août, donneront des différences encore plus marquées et des résultats plus satisfaisans, et que ma théorie pourra être applicable à beaucoup d'autres espèces de fruits, tels que coins, pommes, oranges, etc.

Un fait qui vient à l'appui de cette théorie, c'est qu'en général les grosses poires, comme le bezy Chaumontel, le doyenné d'hiver et d'été, etc., ont la queue courte, tandis que les petites poires, comme les blanquettes, la poire des demoiselles, etc., ont la queue très-longue.

Je me propose de faire les mêmes expériences, l'an prochain, sur un plus grand nombre et sur une plus grande variété d'arbres fruitiers.

————

Paris, le 14 octobre 1832.

Nota. Mes expériences ont été répétées, elles ont toutes donné les mêmes résultats dans les différentes parties de la France. Quelques cultivateurs seulement ont attribué à la réfraction de la chaleur des murs, la grosseur des poires supportées sur des planchettes ; on leur a répondu avec raison que mes expériences ont été faites sur des arbres en quenouilles, plantés dans l'école du Jardin du Roi, où il n'y a point de mur, et placés si près les uns des autres qu'ils se nuisent dans certaines années par trop d'ombrage.

MÉMOIRE

SUR

LA NATURE DES TERRES

QUI, SANS CULTURE ET SANS ENGRAIS, SONT PLUS OU MOINS FAVORABLES A LA NOURRITURE ET A LA CROISSANCE DES VÉGÉTAUX;

PAR VAUQUELIN ET JAUME SAINT–HILAIRE.

Lu à la Société royale et centrale d'Agriculture, le 3 Février 1830.

———

L'académie de Montpellier avait proposé, pour sujet du prix de l'année 1773, de faire connaître les caractères principaux des terres en général, et d'assigner les défauts de celles qui sont peu propres à la production du grain, ainsi que des moyens d'y remédier. Bergman, professeur de chimie à Upsal, envoya un Mémoire qui obtint le prix, et qui est encore, suivant l'opinion de Vauquelin, l'un des travaux les plus importans qu'on ait faits sur cette matière, tellement qu'il l'avait enrichi de notes et traduit du latin pour le publier, ne sachant pas que Bergman l'avait composé d'abord en français, car j'en possède une copie. Dans ce savant Mémoire, Bergman donne l'analyse des terres arables, formées toutes, suivant lui et dans des proportions différentes, de silice, d'alumine, de chaux et de magnésie. Il le termine en proposant ce qu'il croit le plus convenable à leur amélioration, et à les rendre propres à la culture des céréales.

Schubler a considéré les terres par leurs qualités physiques et a établi parmi elles un plus grand nombre de divisions que Bergman, et il a donné, comme lui, les moyens de faire l'analyse des terres arables. Herpin a traité le même sujet. Drapiés de Lille a également analysé les terres cultivées aux environs de Lille et d'Avesne. Humphry Davy a trouvé, comme Bergman, que les terres livrées à l'agriculture et à l'horticulture, dans différens comtés de l'Angleterre, contiennent toutes de la silice, de l'alumine, de la chaux et quelques oxides de fer. M. Chaptal (vol 1, pag. 41) dit : « Les sols arables, qui » sont les seuls dont nous ayons à nous occuper, sont » généralement composés de silice, de chaux, d'alu- » mine, de magnésie, d'oxide de fer et de quelques » substances salines. »

On voit que jusqu'à ce jour les chimistes, ainsi que les physiciens, ont eu pour objet de leurs travaux et de leurs analyses de connaître la nature des terres cultivées; mais comme les engrais et les amendemens améliorent les terres, et qu'une longue culture peut en changer ou en altérer les principes constituans, j'ai cru qu'il serait utile d'observer et d'analyser les terres qui, sans culture et sans engrais, sont plus ou moins favorables à la nourriture des végétaux, qui produisent tous les ans une petite quantité ou un grand nombre d'espèces de familles très-différentes, ainsi que celles qui n'offrent jamais que la même espèce ou les espèces de la même famille, à l'exclusion de tous les autres végétaux.

On a reconnu par l'expérience que les mêmes plantes, cultivées pendant plusieurs années dans le même terrain, l'épuisent, et qu'il faut varier les plantations et les semis de graines pour obtenir de bonnes récoltes. Cela provient, selon moi, de ce que dans un terrain quelconque on veut avoir des produits de certains végétaux qui n'y trouvent qu'en petite quantité les élémens nécessaires à l'assimilation, et convenables à leur nature particulière : alors les engrais et les amendemens deviennent indispensables et ne suffisent même pas ; car il faut de toute nécessité varier les plantations et les semis. Cette opinion m'a été suggérée par une observation que tout le monde a pu faire comme moi. On sait que les bruyères, qu'on ne cultive pas sans peine dans nos jardins, couvrent depuis des siècles d'immenses terrains et ne les épuisent pas : c'est que la terre où elles croissent naturellement contient les élémens nécessaires à leur nature. J'ai trouvé dans les Basses-Alpes certaines localités où la globulaire (*globularia cordifolia*, Jacquin) forme tous les ans des tapis de verdure très-épais ; à un quart de lieue plus loin, on n'en rencontre pas un seul pied. J'observe, depuis vingt-cinq ans, dans les bois et les forêts des environs de Paris, des terrains arides couverts de l'épervière (*hieracium pilosella*, Lin.) qui, loin de souffrir d'être toujours à la même place où elle est seule, se montre tous les ans avec une égale force de végétation. Il en est de même de beaucoup d'autres plantes moins communes, telle que la grande gentiane (*gentiana lutea*) : on sait qu'elle croît naturellement et en abondance dans la vallée du Mont-d'Or, département du Puy-de-Dôme. En 1813, je n'en trouvai plus que quelques pieds, parce que le quinquina étant devenu très-cher pendant la guerre, on traitait les fièvres dans les hôpitaux avec la racine de cette plante. Les habitans des villages voisins en avaient fait un objet de commerce et l'enlevaient par charretées, tellement que le préfet Ramond me dit que si cela continuait, on finirait par la détruire entièrement : aujourd'hui elle est aussi commune qu'il y a trente ans.

En accordant aux végétaux la faculté de puiser dans l'air plusieurs élémens nécessaires à leur existence, il paraît bien démontré qu'ils tirent de la terre les substances qui conviennent et qui sont indispensables à leur nature. Je me proposai en conséquence de connaître, par l'observation des espèces et l'analyse des terres où elles croissent naturellement, la différence de composition qui convient aux unes et ne convient pas aux autres, et rend les unes fertiles et les autres stériles.

L'illustre Vauquelin, que les sciences viennent de perdre, et qui m'a toujours honoré d'une amitié particulière, voulut bien me diriger dans l'analyse des terres, que j'ai faite sous ses yeux et dans son laboratoire. Malheureusement une maladie grave, et ensuite la perte de cet homme aussi recommandable par ses qualités personnelles que par la précision et l'exactitude de ses analyses, suspendirent les travaux que je me propose de continuer. En attendant, j'ai l'honneur de présenter à la Société le résultat de deux expériences qui se trouvaient terminées avant la maladie de Vauquelin, et qu'il avait jugées dignes d'être publiées. Elles ont eu pour objet de faire connaître les élémens de deux terres, dont l'une est naturellement fertile et l'autre presque stérile.

Première expérience.

Le 10 du mois de juin 1828, j'ai observé dans les bois de Meudon, au carrefour de la Patte-d'oie un terrain inculte et offrant une végétation vigoureuse et variée. Sur une surface d'un pied carré, j'ai compté environ cinquante plantes, savoir : cinq *briza*, six *cynosurus*, deux *holcus*, six *anthoxantum*, tous en fleur ; dix individus de la famille des composées en feuilles ; huit *trifolium repens*, quatre pieds d'*agrimonia eupatoria*, et à l'ombre de ces plantes, cinq pieds de *sphagnum*.

Le 10 août suivant, toutes les graminées avaient disparu. La terre était couverte par les fleurs du *trifolium repens*, de l'*agrimonia eupatoria*, et par les feuilles des composées qui fleurirent plus tard.

J'ai enlevé, jusqu'à la profondeur d'environ 8 pouces, un petit sachet de terre, avec les racines qu'elle contenait. Cette terre a été séchée à l'air, pendant environ deux mois. Elle était d'un brun clair, tirant sur le roux, et contenait de petits fragmens de pierre meulière. Je l'ai débarrassée des racines, des fragmens de pierre, des débris de végétaux ; elle a été ensuite réduite en poudre et passée au tamis.

Ayant pris 100 grammes de cette terre, nous les avons fait bouillir dans 1 litre d'eau environ. Nous avons filtré la liqueur, et ensuite fait évaporer l'eau. Il nous est resté un résidu brun, pesant 6 centigrammes, C'est une matière végéto-animale ; car étant chauffée, elle a dégagé de l'ammoniaque ou alcali volatil.

Nous avons pris ensuite 20 grammes de cette terre bien desséchée à l'air. Nous l'avons mise dans un creuset de platine couvert et chauffé au rouge. Ils ont été réduits à 18 grammes un cinquième. D'où il résulte que la terre avait perdu neuf pour cent de son poids ; elle était devenue noire comme du charbon en poudre. Remise de nouveau sur le feu, elle perdit sa couleur noire et reprit sa couleur naturelle ; mais elle ne pesait plus que 17 grammes 75 centigrammes, ce qui porte à 2 et un quart sa perte totale, et suppose neuf pour cent de matière végétale.

Ce résidu de 17 grammes 75 centigrammes a été traité avec de l'acide muriatique pour dissoudre le fer, l'alumine et la chaux : la partie siliceuse, obtenue par cette opération, pesait 15 grammes 52 centigrammes.

Le fer, séparé de l'alumine et séché, pesait 54 centigrammes : l'alumine, lavée et séchée, pesait 87 centigrammes, et la chaux 7 centigrammes.

D'où il résulte que deux mille parties de cette terre contiennent :

Matière végétale, charbonnée et brûlée. .	45
Siliceuse.	1552
Fer	54
Alumine	87
Chaux	5
Eau environ	257
Total.	2000

Deuxième expérience.

Au mois d'août 1828, je pris un sachet de terre dans la partie de la plaine des Sablons qui n'a pas été mise en culture, et qui est renommée pour sa stérilité. Le pied carré contenait au plus douze plantes faibles, ayant des feuilles étroites et une tige peu élevée : c'étaient le *plantago minima*, le *geranium cicutarium*, le *linaria vulgaris*, l'*herniaria glabra* et quelques *trifolium*, petits et presque méconnaissables. Cette terre est de couleur fauve : elle se divise, sous la main, presque aussi facilement que le sable mouvant des bords de la mer.

Nous avons pris 100 grammes de cette terre desséchée à l'air pendant plus de deux mois : après l'avoir débarrassée de quelques petits cailloux et tamisée, nous avons fait bouillir ces 100 grammes dans un litre environ d'eau ; après que l'eau a été évaporée, nous avons trouvé un résidu brun, pesant 4 centigrammes. C'est une matière végéto-animale ; car, étant chauffée, elle a dégagé, comme la précédente, de l'ammoniaque ou alcali volatil.

20 grammes de cette terre, desséchés à l'air et mis dans un creuset de platine couvert et chauffé au rouge, ont été réduits à 19 grammes 50 centigrammes : cette terre est devenue d'un noir peu foncé. Remise de nouveau sur le feu, elle a été réduite à 18 grammes 71 centigrammes et a repris sa couleur naturelle : nous l'avons réduite en poudre très-fine et traitée avec l'acide muriatique, pour dissoudre l'alumine, le fer et la chaux. La partie siliceuse obtenue par cette opération pesait

16 grammes 78 centigrammes ; le fer pesait 32 centi-grammes : l'alumine, lavée et séchée, pesait 12 centi-grammes, et la chaux 6 centigrammes.

D'où il résulte que deux mille parties de cette terre contiennent :

Matière végétale, charbonnée et brûlée. .	29
Siliceuse.	1678
Fer.	32
Alumine.	12
Chaux.	6
Eau.	243
Total.	2000

J'avais fait des observations semblables sur des terres marécageuses qui produisent constamment des joncs et des *carex*, et sur celles de même nature qui n'en produisent pas, sur les terres les plus sèches du bois de Boulogne et du Mont-Valérien ; mais la maladie de feu Vauquelin m'empêcha de terminer les analyses. J'ai conclu de ces différentes observations : 1° que toutes les terres sont un composé de silice, d'alumine, de magné-sie, de chaux, etc. ; dans des proportions différentes, comme l'ont annoncé les chimistes, plus d'une *matière végéto-animale* d'autant plus abondante, que ces terres sont plus propres à la nourriture des plantes ;

2° Que les plantes placées dans des terres dont les parties constituantes et leurs proportions relatives con-viennent à la nature particulière de ces plantes, n'épui-sent pas le terrain, comme le prouvent les bruyères,

la piloselle, la globulaire, la grande gentiane et plusieurs autres espèces moins remarquables ;

3° Qu'une suite d'observations sur les différentes
espèces, genres et familles de plantes qui croissent naturellement et en grand nombre, et se perpétuent sur
certaines terres, et l'analyse chimique de ces mêmes
terres, pourraient être d'une grande utilité à l'agriculture.

FIN.

TABLE

DES MATIÈRES.

FIN DE LA TABLE.

www.ingramcontent.com/pod-product-compliance
Lightning Source LLC
LaVergne TN
LVHW050101060726
842524LV00003B/855